ヤマトヒメの足跡

倭姫命の足跡

伊勢神宮とは

内宮《ないくう》と外《げ》宮があり、単に神宮という。内宮は女神・天照大神を祀り、外宮はやはり女神の豊受大神を祀る。起源は地元・伊勢の神への信仰に始まるが天武、持統の治世にいたり、皇室にとって重要な存在となる。

内宮、外宮それぞれの正殿はほぼ同形に建てられているが、千木《ちぎ》や鰹《かつお》木の形式が異なる。基本的には二十年に一度、式年遷宮《しきねんせんぐう》を行う。

斎王とは

斎王《さいおう》は天皇に代わって伊勢で天照大神を祀る女性で、その居所を斎宮《さいくう》といった。

斎王のはじめは豊鍬入《とよすきいり》姫命であり、次の倭姫命も含め合計九人は、伝説上の斎王といわれる。斎王の制度は、天武天皇の娘・大来皇女《おおくのひめみこ》に始まり、約六百六十年にわたって続いた。その人数は六十人を超える。

斎王は天皇の即位とともに、未婚の内親王の中から占いによって選ばれた。二年の準備期間を経たのち、都から大勢の付き人を従えて伊勢へ向かう。これを斎王群行《ぐんこう》という。

斎宮から伊勢神宮までの距離は一〇キロ以上、内宮、外宮にはそれぞれ年に三回しか赴《おもむ》かない。

倭姫命については、実在の人物かどうかをはじめとして、さまざまな議論がある。

はじめに

大昔のことです。天照大神をどこに祀ったらよいかと、各地を巡った皇女《こうじょ》がいました。長い年月をかけて歩き、伊勢神宮の地を定めたのです。その名を「倭姫命《やまとひめのみこと》」。神に仕える巫女の中の巫女、彼女は「伝説上の斎王」と呼ばれています。本書では、倭姫命がたどったと伝わるヤマトから伊勢までの足跡を、写真と解説でご案内します。

伝承地をすべて網羅したわけではありませんが、現地を訪れることでその足どりを再現しようと試みました。ただ倭姫命は伝説上の人物といわれ、書かれた史料は少なく、言い伝えや神社の伝承がほとんどです。伝承というものは厄介です。年月とともに変化し、風化します。地元特有の伝承を語る人も、もうほとんど残っていません。

それでも神社の由緒や地元の案内を丹念に集めることにしました。実際に調べてみると、わずか十年前に語られた話、本に書かれた伝承が、すでに確認できないことも少なくありません。また頼みの綱の実地見聞も、もし彼女が架空の人物だとしたら、あるいは実在したとしても伝承が作り話だったなら、そんな作業は、空しいものと言わねばなりません。

ただ、たとえ作り話であろうとも、何の根拠も目的なく、こういう一連のまとまった話が存在することに、何らかの意味が見出せるのではないかと考えることはできます。多くの話に接するという作業が無益ではないことを、そうした作業から歴史の片鱗が見えてくるであろうことを信じて、旅に出ました。皆さんと時空を超えて知的好奇心を共有できるならば、筆者にとってこれほど幸せなことはありません。

■ヤマトヒメ関連系譜

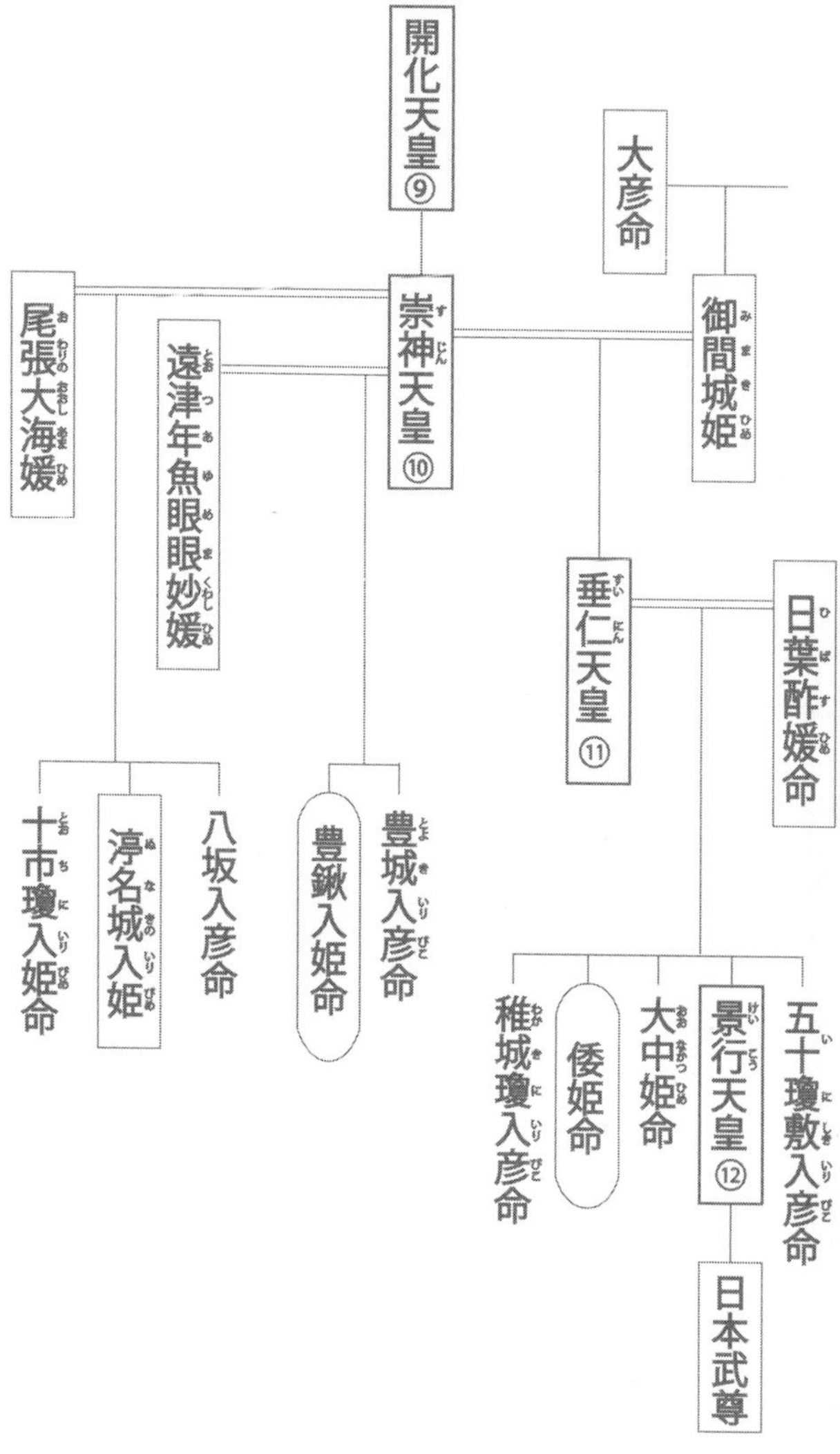
開化天皇⑨
大彦命
崇神《すじん》天皇⑩
御間城姫《みまきひめ》
尾張大海媛《おわりのおおしあまひめ》
遠津年魚眼眼妙媛《とおつあゆめまくわしひめ》
垂仁《すいにん》天皇⑪
日葉酢媛《ひばすひめ》命
十市瓊入姫《とおちにいりびめ》命
渟名城入姫《ぬなきのいりびめ》
八坂入彦命
豊鍬入姫命
豊城入彦《とよきいりびこ》命
五十瓊敷入彦《いにしきいりびこ》命
景行《けいこう》天皇⑫
大中姫《おおなかつひめ》命
倭姫命
稚城瓊入彦《わかきにいりびこ》命
日本武尊

伊勢神宮の成り立ち

元伊勢と宮

みなさんは「元《もと》伊勢」という言葉を聞いたことがありますか。それは、もとの「伊勢」つまり伊勢神宮の祭神・アマテラスが、伊勢に定まる前に祀られたという伝承の残る神社や土地のことです。

伊勢神宮の名称は、正式には「神宮」であり、この神宮には内宮《ないくう》と呼ばれる皇大神宮と、外宮《げくう》と呼ばれる豊受《とようけ》大神宮があります。内宮にはアマテラスを祭り、外宮には豊受大神を祭ります。本書では豊受大神についてはあえて述べません。倭姫命とは切り離し、別に検討すべき神だと考えているからです。

さて皇女・倭姫命が各地を歩き、転々とアマテラスを祀った場所は「宮《みや》」と呼ばれました。この宮が、後には候補地も含めて元伊勢と呼ばれるようになります。ただし本書では、元伊勢という言葉ではなく、宮や社《やしろ》の候補地という書き方をしました。倭姫命の足跡と元伊勢とが一致しているわけではないからです。

元になった三つの史料

『倭姫命世記』か
これにしよう！
日本書紀
儀式帳
倭姫命世記

うーん、眠れん！
悪い夢にうなされる
アマテラス
オオクニタマ
崇神天皇

倭姫命のことを書いた主な史料は、『日本書紀』（以下『紀』とする）、『皇太神宮儀式帳《こうたいじんぐうぎしきちょう》』（儀式帳）、『倭姫命世記』（世記）の三つです。

それぞれの史料をみてみましょう。前任者・豊鍬入姫《とよすきいりひめ》命の旅も含め、あくまでも目安ですが『紀』には二カ所の宮と三つの国、『儀式帳』には十五カ所、『世記』には二十数カ所の宮の記載があります。最も詳しいのは『世記』なので、その記述を頼りにみていくことにします。

二柱の神と寝起きを共にした天皇

第十代崇神《すじん》天皇の時代のこと。天皇は磯城瑞籬宮《しきのみづかきのみや》を皇居として、アマテラス（天照大神《あまてらすおおかみ》）と倭《やまとの》 大国魂《おおくにたま》神、この二柱の神を、自らの居所で一緒に祭っておりました。これを同殿共床《どうでんきょうしょう》といいます。ところが両神それぞれの力が強すぎるため、日々、心穏やかに過ごせません。ところがまた当時、ヤマトに疫病が流行って民が流民と化し、政府に叛く者も出るなど災いが頻発します。その有様は天皇の徳を以てしても、到底収拾のつかないものでした。

天皇は神々を畏れ、災いが自分の罪であるとして許しを請いました。そして娘の豊鍬入姫《とよすきいりひめ》に託し、ヤマトの笠縫邑《かさぬいのむら》にアマテラスを祀らせ、その宿る所を堅固な造りで定めました。

アマテラス様が
落ち着ける場所を
探して
ください
豊鍬入姫

アマテラス様は
豊鍬入姫にまかせた
おまえはヤマトの神を
お祭りするのじゃ
渟名城入姫
崇神天皇

倭姫命、旅立つ

一方、倭大国魂神（日本《やまとの》大国魂神とも書きます）については、やはり娘の渟名城入姫《ぬなきのいりひめ》に託して祀らせますが、その勢いが強いためか、または神が祟《たた》ったのか、彼女の髪は抜け落ち痩せ衰えて、とても祭りを遂行できる状態ではなくなってしまいます。

思案の末、崇神天皇は神浅茅原《かむあさぢはら》に行って占いをしました。「大物主《おおものぬし》神を祀れば平和になる」とのことでしたが、結果、一向にそのような気配はありません。その後も様々な試みがありました。そうした中、豊鍬入姫命は天照大神を奉斎し、各地を巡り始めます。

そして長い年月が流れ、老いた豊鍬入姫命は、まだ幼い姪《めい》の倭姫命に任務を託すのです。

倭（奈良）を出て、各地を転々

豊鍬入姫命が自分の仕事を倭姫命に引き継いだのは三輪山の「弥和《みわ》乃《の》御室嶺上宮」でした。父・崇神天皇の志を継いだ第十一代垂仁《すいにん》天皇の御代でした。

ピカッ
ここは
いいところ。
気に入りました・・・・
よかった。
仕事に
はげもう
37年後の倭姫
今度は私が・・・・
まだ幼い倭姫

ヤマトを出発した倭姫命は、まず身近な「宇多秋宮」「佐々波多宮《ささはた》」へと移り、そこから伊賀の国に入ります。旅の途上で宮（頓宮《とんぐう》）を造り、潔斎を怠らず、数十人の従者とともに困難な道を進みます。
「隠市守宮《なばりのいちもりのみや》」「穴穂宮《あなほ》」「敢都美恵宮《あえとみ》」を経て淡海《おうみ》の国に入り、「甲可《こうか》日雲宮《ひくも》」「坂田宮」と大きく北上し、そののち美濃の国「伊久良河宮《いくらがわ》」に留まります。そして尾張の国「中嶋宮」へ。ここからは船で伊勢の国に渡りました。

最終地、伊勢に落ち着く

伊勢に入ると「桑名野代宮《のしろ》」「奈其波志忍山宮《なごわしのおしのやま》」へと南下しますが「阿佐加《あさか》藤方片樋宮」あたりから逸話が多く書かれています。「飯野高宮」「佐々牟江宮《ささむえ》」「伊蘓宮《いそ》」「大河乃瀧原宮《おおかわのたきはら》」。そして最終地のすぐ近くで、あちこち小さな移動を繰り返します。「矢田宮」「家田田上宮」「奈尾之根宮《なおしね》」などです。

こうしてとうとう最終地です。アマテラスが「この地は良いところだ。ここに住みたい」と言ったことで「五十鈴川上宮」を定めます。これが現在の内宮というわけです。

この剣を持っておゆきなさい
ヤマトタケル
倭姫

姫さま、お守りいたします
『儀式帳』に登場する５人の武人

苦難を乗り越えた旅の生涯

鎌倉時代中期に書かれた『世記』（倭姫命世記）によると、倭姫命は三十七年間も旅をしたことになっています。また『紀』によると、彼女が出発したのは八歳あるいは十一歳の時とされます。当時の平均寿命を考えれば、一生涯をかけて旅をしたといえます。各地をアマテラスを祀りながら巡るわけですから、もともとの土地の神や住人との間には、対立や衝突もあったことでしょう。苦難の多い旅だったはずです。『儀式帳』には、付き人として五人の武人の名前がみえます。

伊勢で努め、伊勢に逝く

アマテラスが落ち着いた後、倭姫命は斎宮を置いて磯宮《いそのみや》と名付けました。内宮のすぐ近くのようです。ここで祭りの決まり事を定め、儀式を整備していきます。甥のヤマトタケルには衣類や天叢雲剣《あめのむらくものつるぎ》（のちの草薙剣《くさなぎ》）を与えます。伊吹山の戦いで敗れ、能褒野《のぼの》で亡くなったヤマトタケルに属した捕虜が、倭姫命に献上されたこともありました。こうして倭姫命は、その一生を終え、伊勢の地に葬られました。

神風の伊勢の国
まいりました。この国は
お譲りいたします。
伊勢津彦
天日別命

伊勢という土地の歴史

伊勢という地名の起源については、『伊勢国風土記逸文《いつぶん》』にみえます。時代はずっと遡ります。初代・神武天皇がヤマトに進出した時のこと、天日別命《あめのひわけ》に「空の彼方に国がある。その国を平定せよ」と言って、伊勢地方の平定を命じました。その邑《むら》には伊勢津彦という名の神がいましたが、天日別命は支配地を天皇に献上するよう申し入れます。

伊勢津彦は「この地を領有して住むこと久しい。とても聞き入れることはできない」と断りました。天日別命は兵力を用いて、伊勢津彦を殺そうとしました。降伏した伊勢津彦は、支配地を天皇に献上し、立ち退くことを約束します。その夜、大風が起こり波を打ち上げて去ったのです。「神風の伊勢の国、常世の浪寄せる国」という呼称は、ここからきています。伊勢津彦は信濃の国に移り住んだといわれます。天皇は伊勢津彦の名を、彼が去った国に名付けるよう命じました。これが伊勢という地名の起源です。

私見ですが、伊勢神宮を単に「神宮」と呼ぶことが正式といわれるのは、伊勢津彦の神宮ではないという主張の現れなのかもしれません。

■ヤマトヒメの足跡（『倭姫命世記』より）

■ヤマトヒメに関する年表

天皇	紀	滞在年	通算年	干	支		地名	倭姫命世記	皇太神宮儀式帳	日本書紀ほか
									同書は年月を示さず	
				壬	申					
				癸	酉					
崇神	51	3		甲	戌	木乃国	奈久佐	浜宮		
	52			乙	亥					
	53			丙	子					
	54	4		丁	丑	吉備国		名方浜宮		
	55			戊	寅					
	56			己	卯					
	57			庚	辰					
	58	2	1	辛	巳	倭	弥和	御室嶺上宮		倭姫命出発
	59		2	壬	午					
	60	4	3	癸	未	大和国		宇多秋宮	宇太乃阿貴宮	
	61		4	甲	申					
	62		5	乙	酉			*：この年あたりを示す		
	63		6	丙	戌			*佐佐波多宮	佐佐波多宮	
	64	2	7	丁	亥	伊賀国	隠	市守宮		
	65		8	戊	子					
	66	4	9	己	丑	伊賀国		穴穂宮	伊賀穴穂宮	
	67		10	庚	寅					
	68		11	辛	卯					
垂仁	1		12	壬	辰					
	2	2	13	癸	巳	伊賀国		敢都美恵宮	阿閇柘殖宮	
			14	甲	午					
	4	4	15	乙	未	淡海国	甲可	日雲宮		
			16	丙	申					
			17	丁	酉					
			18	戊	戌					
	8	2	19	己	亥	淡海国		坂田宮	淡海坂田宮	
			20	庚	子					
	10	4	21	辛	丑	美濃国		伊久良河宮	美濃伊久良賀宮	
			22	壬	寅					
			23	癸	卯					
			24	甲	辰	尾張国		*中嶋宮		
	14	4	25	乙	巳	伊勢国	桑名	野代宮	伊勢桑名野代宮	
	15		26	丙	午					
			27	丁	未				鈴鹿小山宮	
	17		28	戊	申	鈴鹿国		*奈其波志忍山宮		
	18	4	29	己	酉		阿佐加	藤方片樋宮	壹志藤方片樋宮	
			30	庚	戌					
			31	辛	亥					
			32	壬	子					
	22	4	33	癸	丑		飯野	高宮	飯野高宮	
			34	甲	寅					
			35	乙	卯					
	25		36	丙	辰			伊蘓宮	礒宮	菟田の筱幡 近江国 美濃 伊勢国
	26		37	丁	巳			五十鈴川上宮（内宮）		
			38	戊	午					
	28		39	己	未					

目次

伊勢神宮の成り立ち …… 6

第一章の一◎ヤマトにて

「崇神天皇《すじんてんのう》磯城瑞籬宮趾《しきのみづかきのみやあと》」石碑 …… 18
「垂仁天皇纒向珠城宮《すいにんてんのうまきむくのたまきのみや》跡」石碑 …… 19

第一章の二◎アマテラスの出発

檜原《ひばら》神社 …… 26
大神《おおみわ》神社 …… 28
穴師坐兵主《あなしにいますひょうず》神社 …… 30
笠山荒《こう》神社 …… 32
天神社《てんじんしゃ》 …… 34
秦楽《じんらく》寺境内の笠縫神社 …… 36
「姫大神」の石碑 …… 37
飛鳥坐《あすかにいます》神社 …… 38
大和《おおやまと》神社 …… 39
渟名城入姫《ぬなきのいりひめ》神社 …… 40

第二章◎倭姫命の旅立ち

高宮社山 …… 44
阿紀《あき》神社 …… 46
篠畑《ささはた》神社 …… 48
葛《くず》神社 …… 50
御杖神社 …… 52
四社《ししゃ》神社 …… 54
皇女ひと休みの地・御杖村 …… 56
敷津《しきつ》の七不思議 …… 58

第三章◎伊賀国

宇流冨志禰《うるふしね》神社 …… 62
蛭子《えびす》神社 …… 64
藤光大神 …… 66
稲荷神社 …… 68
名居《ない》神社 …… 70
神戸《かんべ》神社 …… 72
都美恵《つみえ》神社 …… 74
敢國《あえくに》神社 …… 76

第四章◎甲可日雲宮

神明宮 …… 80
神明神社 …… 82
日雲神社 …… 84
高宮《たかみや》神社 …… 86
日雲山 …… 88
大神宮跡地の碑 …… 89
三上六所《みかみろくしょ》神社 …… 90
若宮神社 …… 91
水口《みなくち》神社 …… 92
日雲宮 …… 93
垂水斎王頓宮《とんぐう》跡 …… 94
日雲神社 …… 95
川田《かわた》神社1、2、3 …… 96
瀧樹《たき》神社 …… 98
田村神社 …… 99

第五章◎近江から美濃、尾張へ

坂田神明宮 …… 102
千福《せんぷく》神社 …… 104
天神神社 …… 106
名木林《なぎばやし》神社 …… 108

宇波刀《うばと》神社……109
酒見《さかみ》神社……110
濱神明社……112
中嶋宮……114
御園《みその》神明社……116

第六章◉伊勢国に入る

野志里《のじり》神社……126
御在所岳……128
宿野地区……130
江田神明社跡……131
愛宕《あたご》神社……132
忍山《おしやま》神社……134
布気皇舘太《ふけこうたつだい》神社……136
御厩《おんまや》の松・都追美井《つつみい》……138

第七章◉さまざまな逸話

加良比乃《からひの》神社……142
阿射加《あざか》神社……144
阿射加神社……146
神山《こうやま》神社……148
神戸神舘《かんべこうたち》神明社……150
竹《たけ》神社……152
櫛田《くしだ》神社……154
魚見社の候補……156
真名胡《まなこ》神社の候補……158
竹佐佐夫江《たけささぶえ》神社……160
佐々牟江《ささむえ》行宮跡……162
磯神社……164
狭田国生《さたくなり》神社……166
坂手国生《さかてくなり》神社……167
御船神社……168

第八章◉最終地へ

多岐原《たきはら》神社……172
瀧原宮《たきはらのみや》……174
久具都比賣《くぐつひめ》神社……176
園相《そない》神社……177
忘れ井（水饗《みあえ》神社旧跡）……178
御食《みけ》神社……180
堅田《かただ》神社……181
御塩殿《みしおでん》神社……182
江《え》神社……186
神前《こうざき》神社……187
子安地蔵尊・家田地蔵尊……188
神宮神田と口矢田の森……189
家田田上宮の候補地……190
那自賣《なじめ》神社……193
津長神社……194

第九章◉到着

皇大神宮（内宮）……196
豊受大神宮（外宮）……200
神麻続機殿《かんおみはたどの》神社……204
神服織機殿《かんはとりはたどの》神社……205
伊雑宮《いざわのみや》……206
佐美長《さみなが》神社……208
腰かけ岩……210
倭姫命とその関連のひとびと……211
巡行路　地図……214

凡例

○伊勢神宮の正式名称は「神宮」だが、慣例により「伊勢神宮」と記載する。
○アマテラスには様々な異称がある。各神社等で書き方が定まっている場合を除き、アマテラス、天照大神（あまてらすおおかみ）とした。
○ヤマトについては「倭」「大和」「日本」など統一が取れていない。これは「倭姫命世記」など史料の出典や固有名詞に倣ったもので、特に出典を示さない場合「ヤマト」を使用する。
○日本書紀を『紀』、古事記を『記』、皇太神宮儀式帳を『儀式帳』そして倭姫命世記を『世記』と略す。各章扉にそれぞれの文献のヤマトヒメについての記述部分を抜粋した。
○本書は現代語訳、注釈を目指すものではないので、資料の引用については特に断りがない限り、大意または意訳である。『倭姫命世記（世記）』の内容については、そのほとんどが大意である。
○神社について、祭神など諸説ある場合、読者の入手された資料と一致するとは限らない。社格、所在地については、わかる限り示した。神宮に関連する百二十五の神社については、神宮による位置付けに倣った。アクセス欄の駐車場「P」の有無については最新の情報で確認されたい。
○各伝承地は現在地名で表記し、宮《みや》の候補地には対応する宮の名を記した。
○本章の写真は二〇一三〜二〇年にかけて筆者が撮影したものである。

第一章の一◉ヤマトにて

◉豊鍬入姫命《とよすきいりひめ》

伝説上の初代斎王といわれる豊鍬入姫命は、倭姫命の前に父・崇神《すじん》天皇の命を受け、天照大神を祭るべき地を探す旅に出る。

「鍬」を耜（紀）、鉏（記）、鋤（世記）、耟（儀式帳）と書く場合がある。

『紀』崇神天皇元年二月条に「（崇神天皇の）またの妃、紀伊国《きのくに》の荒河戸畔《あらかわとべ》の娘、遠津年魚眼眼妙媛《とおつあゆめまくわしひめ》は豊鍬入姫命を生んだ」とある。

◉倭姫命

倭姫命は本書の主人公であり、垂仁天皇（父）の皇女である。垂仁天皇十五年に生まれたといわれ（『紀』）、丹波道主王《たにはのちぬしのおおきみ》（祖父）の女《むすめ》、皇后・日葉酢媛《ひばすひめ》命を母とする第四子。第十二代景行《けいこう》天皇は兄であり、その子ヤマトタケルの叔母（「姨《おば》」と記すことが多い）である。『記』は倭比売《やまとひめ》命と記すが、伊勢への巡幸の記載はない。『紀』には、倭姫命は豊鍬入姫命に代わって、天照大神を「菟田《うだ》の筱幡《ささはた》」「近江」「美濃」そして「伊勢」に遷したことが書かれている。『紀』に認められる地名は、この四カ所のみである。

「崇神天皇磯城瑞籬宮趾《すじんてんのうしきのみずかきのみやあと》」石碑

志貴御縣坐《しきのみあがたにます》神社【式内社】【村社】（奈良県桜井市三輪金屋八九六）

志貴御県坐神社の境内には「崇神天皇磯城瑞籬宮趾（表）」「大正四年十一月　奈良県教育會建之（裏）」と刻まれた石柱があり、崇神天皇の宮の跡だといわれている。神社の祭神は天津饒速日《あまつにぎはやひ》命で、三輪山の南西麓に鎮座する。

『紀』の、崇神天皇三年秋九月条に「都を磯城に遷す。是《これ》を瑞籬宮と謂ふ」とみえるように、天皇はこの宮で天照大神《あまてらすおおかみ》、倭《やまと》大国魂《おおくにたま》神という二柱の神と寝起きを共にしていた。いわゆる同《どう》殿共床《でんきょうしょう》である。

宮の場所については「神社名から磯城をここだとしたにすぎず根拠が薄い」という反対論もある。

天皇の娘・豊鍬入姫命は、崇神天皇六年（『紀』、『世記』）、強すぎる神々に悩んだ父の命を受け、ここから旅立った。

ACCESS●アクセス

「崇神天皇磯城瑞籬宮趾」石碑
JR万葉まほろば線（桜井線）三輪駅から
徒歩12分

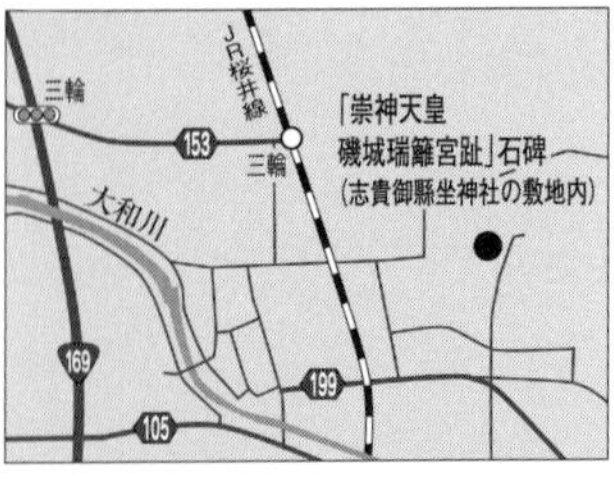

「垂仁天皇纒向珠城宮跡《すいにんてんのうまきむくのたまきのみや》」石碑

（奈良県桜井市巻野内）

崇神の次、第十一代垂仁《すいにん》天皇は、『紀』では和風諡号《わふうしごう》を活目《いくめ》入彦《いりひこ》五十《い》狭茅《さち》天皇《すめらみこと》といい、『記』（古事記）では伊久米伊理《いくめいり》毘古伊佐知命《びこいさちのみこと》と書かれた。倭姫命はこの天皇の娘である。

垂仁天皇の皇居は纒向珠城宮（『紀』）、師木玉垣宮《しきのたまがきのみや》（『記』）とみえ、それを示す石柱には「垂仁天皇纒《ママ》向珠城宮跡（表）」「傳承地（左）」「昭和四十五年九月吉日　桜井市建之（裏）」と刻まれている。この石碑の東側に地元で「タマキヤマ」と呼ぶ珠城山古墳群丘陵がある。

なお、この近くに三輪から奈良市へ通じる延長二十六キロの古道「山辺《やまのべ》の道」があり、観光客も多い。石碑を左に見て東へ向かうと、第十二代景行《けいこう》天皇（倭姫命の兄）の纒向日代宮の石碑がある。

ACCESS●アクセス

「垂仁天皇纒向珠城宮跡」石碑
JR万葉まほろば線（桜井線）巻向駅から徒歩7分

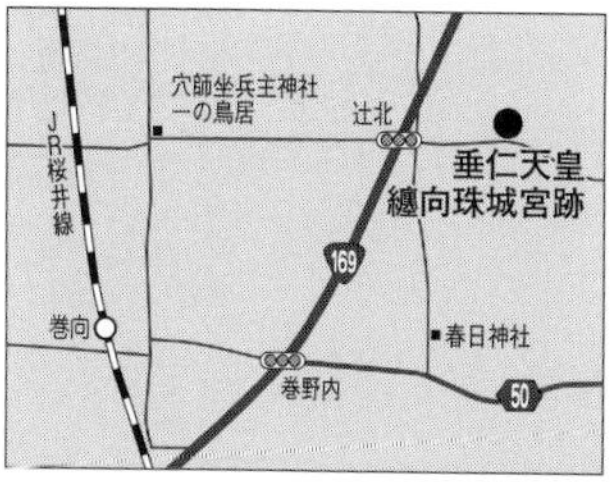

史料について

『日本書紀』『皇太神宮儀式帳《こうたいじんぐうぎしきちょう》』『倭姫命世記《やまとひめのみことせいき》』は特に倭姫命を研究する際に重要な史料である。彼女の巡幸については、ほぼこの三資料が根拠となる。

『日本書紀』

日本最古の勅撰の正史。神代から持統天皇までの朝廷に伝わった神話、伝説、記録などを漢文で記述。舎人親王《とねりしんのう》らの撰で養老四年(七二〇)に成立。三十巻。

倭姫命巡幸の該当部分は以下の通り。ただし天照大神の言葉は、ほかでも紹介するので重複を避けて略した。

『書紀』垂仁天皇二十五年三月条「三月の丁亥《ひのとゐ》の朔丙申《ついたちひのえさるのひ》に、天照大神を豊耜入姫命より離ちまつりて、倭姫命に託けたまふ。爰《ここ》に倭姫命、大神を鎮め坐《ま》させむ処を求めて、菟田《うだ》の筱幡《ささはた》に詣《いた》る。筱、此をば佐佐《ささ》と云ふ。更に還りて近江国に入りて、東美濃を廻りて伊勢国に到る。時に天照大神、倭姫命に誨《をし》へて曰はく『是の神風の伊勢国は……』」。

菟田の筱幡、近江国、美濃、伊勢国などが地名として読み取れるが、非常に大ざっぱである。倭姫命の巡幸は、垂仁天皇二十五年の一年を費やしただけ、ともとれる記述である。

『皇太神宮儀式帳』

伊勢内宮儀式、行事二十三ヵ条を撰録した書。一巻。延暦二十三年(八〇四)大神宮司大中臣真継、祢宜《ねぎ》荒木田公成、大内人磯部《いそべ》小紲《こなつ》らが朝廷へ注進したものという。(広辞苑)

「美和乃御諸宮」に始まり「伊須々乃川上大宮(伊勢神宮の内宮)」まで、十五カ所の宮の記述がある。年月については述べていない。

『倭姫命世記』

神道五部書の一つ。一巻。鎌倉中期頃成立したもの。倭姫命の事跡などを説く。

倭姫命が留まった宮、二十六カ所（うち笠縫邑から御室嶺上宮は豊鍬入姫に関係がある）を示す。到着は「五十鈴川上宮（内宮）」。年月の記述があるものの矛盾がある。

古語拾遺《こごしゅうい》

平安時代の歴史書『古語拾遺』にも豊鍬入姫命《とよすきいりひめのみこと》と倭姫命が登場し、草薙剣《くさなぎのつるぎ》が伊勢神宮にあったことがわかる。ただ鏡を遷したとは明記されていない。

崇神《すじん》天皇段　磯城《しき》の瑞垣《みづかき》の朝《みかど》に至りて、漸に神の威を畏《おそ》りて、殿を同くしたまふに安からず。(中略)仍《よ》りて、倭の笠縫邑《かさぬいのむら》に就きて、殊に磯城の神籬《ひもろき》を立てて、天照大神及草薙剣を遷《うつ》し奉《たてまつ》りて、皇女豊鍬入姫命をして斎《いは》ひ奉らしむ。

垂仁《すいにん》天皇段　巻向《まきむく》の玉城《たまき》の朝に洎《およ》びて、皇女倭姫命をして天照大神に斎き奉《たてまつ》らしむ。仍《よ》りて、神の教の随《まにま》に、其の祠《やしろ》を伊勢国の五十鈴《いすず》の川上に立つ。斎宮《いつきのみや》を興《た》てて、倭姫命をして居らしむ。

三つの重要事項

倭姫命を検討するにあたっては、次の三つの事項について考慮した。即ちアマテラス、伊勢神宮そして斎王制度。これらがバランスよく眺められてこそ、倭姫命の実像は見えてくるはずである。

『日本書紀』と『倭姫命世記』の矛盾

『紀』によると、倭姫命は第十一代垂仁天皇十五年に生まれた。豊鍬入姫命との交代は同二十五年である。

ところが『世記』では、第十代崇神天皇の五十八年に、豊鍬入姫命と交代した、と見え、垂仁天皇十四年には、桑名野代宮に遷り四年いたことになっている。『紀』の垂仁天皇十五年では生まれたばかりの姫が『世記』では、既に旅をして桑名野代宮に居る。このように『紀』と『世記』を読み比べると、どうしても矛盾がある。

倭姫命

『倭姫命世記』の不思議

『倭姫命世記』は、鎌倉時代の偽書ともいわれる。しかしながら、その足跡を追ってみると神社名、地名などはみな実在のものを用いている。『世記』の著作にあたって、具体的に当時、存在した神社を当てはめていったかのようで、該当する場所がない、ということは殆どない。

倭の姫

倭姫命、文字通りに読めば、ヤマトのお姫様という意味の普通名詞ととることができ、ヤマト出身の皇女なら、誰もがその名を負う資格がありそうだ。ヤマトから伊勢に来たので、そう呼ばれたのか。ある一時期、斎王に対し「倭姫」と呼び掛けていたのかもしれない。

「倭姫命」という女性とした方が、話が進めやすい。従って本書では「倭姫命」なる人物があたかも存在したような記述をしている。

ヤマトタケルの姨として

倭姫命はヤマトタケルの姨《おば》とされる。この場合、叔母と書くのが適切なのに、日本書紀には何故か「姨」とある。すると、果たしてヤマトタケルの叔母であったのか、という疑問が生じる。姨とは「①母の姉妹。②妻の姉妹。一説に、妻の妹。」(『漢語林』)が本来の意味である。

また天皇が所持すべき三種の神器（まだ三種の神器は確立していないが）の一つ「天叢雲剣」をヤマトタケルに手渡すが、何故、倭姫命が所持し、また手放す、あるいは譲渡する権限があったのか。

倭姫命はヤマトタケルとともに歩いた

倭のお姫様「倭姫命」、倭の強い男「倭建命」。どちらも普通名詞のようである。この二人が二人三脚で各地を回ったとする説もある。

　倭姫命は天照大神を祀る役目を、ヤマトタケルは問題が起きた時、または軍事的な衝突があったときに解決する役目を、それぞれ担っていたというものである。ヤマト政権の拡大の過程で活躍した何人もの勇者を、ひとりの人物に仕立てたのがヤマトタケルの実像だという見地からは、この説もうなずける。

　五人の従者が倭姫命に付き従ったとあるが、ヤマトタケルに従ったとする記述はない。

もう一人の倭姫命

　崇神天皇元年二月条に、皇后御間城《みまき》姫との間の子の中に「千千衝《ちちつく》倭姫命」の名がみえる。この姫は豊鍬入姫命の異母姉妹である。どちらが年上かは明記されておらず、確定は出来ない。

　のちに巡幸を交代する本書の主役・倭姫命とは関係がない。また千千衝倭姫命の弟として「倭彦命」の名がみえる。この二人の名は普通名詞のように聞こえる。まさに「ヤマトのお姫様」と「ヤマトの男」である。

倭姫命は三人いた

　伊勢への巡幸を行った本書の主役「倭姫命」、そして崇神天皇の皇女「千千衝倭姫命」。その他にも三人目の倭姫がいた。

　天智天皇七年二月条（紀）

「二月丙辰《きさらぎひのえたつ》の朔《ついたち》、戊寅《つちのえとらのひ》に、古人大兄《ふるひとのおほえの》皇子《みこ》の女《みむすめ》　倭姫王《やまとのひめおほきみ》を立てて、皇后《きさき》とす」。

　天智天皇の皇后は「倭姫王」、即ち倭姫という名前なのである。従って歴史上「倭姫」と呼ばれた女性は、『紀』をみる限りでは少なくとも三人いたことになる。

　但し三人の存在や個性がそれぞれの記述に影響を及ぼしているような形跡は認められない。故に千千衝倭姫命や倭姫王の検討は、本書では行わない。

豊鍬入姫命と渟名城入《ぬなきのいり》姫の出生

『日本書紀』の崇神天皇元年二月条によると「(崇神天皇の)またの妃、紀伊国の荒川戸畔《あらかはとべ》の女《むすめ》・遠津年魚眼眼妙媛《とおつあゆめまくわしひめ》は豊鍬入姫命を産んだ。次の妃・尾張大海媛は、渟名城入姫命を生んだ」旨が書かれている。

ヤマトヒメの年齢

ヤマトヒメは何歳の時に旅に出たのであろうか。八歳、また十一歳などという説があるので、この点を検討してみたい。

『紀』垂仁天皇十五年秋八月に、(天皇は)日葉酢《ひばす》媛《ひめ》命を皇后としたとあり、さらに彼女は三男二女を産んだことが書かれている。ヤマトヒメは五人中四番目に生まれている。そして豊鍬入姫命と交代して旅立ったのは、垂仁天皇二十五年である。

年号を重視すれば、十五年に生まれ二十五年に出発したので、数え年十一歳となる。

ただ、十五年の記述は皇后となったことを主眼としていること、それに子を五人産んだのは一度にではないはずである。仮に一年に一人産んだとして、ヤマトヒメ出生は早くとも十八年。二十五年には満八歳となる。十一歳説と八歳説はこのようにして生じたと思われる。しかしながら日葉酢媛が、皇后になって第一子を産んだと考えるか、既に子もいたが、十五年に皇后になったとするか、難しいところである。

何年かけて伊勢にたどりついたか

『紀』によればわずか一年であり、『世記』によれば、三十七年間である。仮に八歳で出発したとして、到着時には四十五歳である。長い歳月を経て、伊勢にたどり着いたことになる。

第一章の二◉アマテラスの出発

◉倭国　笠縫邑《かさぬいのむら》

『世記』崇神天皇六年、皇女・豊鍬入姫《とよすきいりひめ》命は笠縫邑に天《あま》照《てらす》大神《おおかみ》を祀った。

（豊鍬入姫は、笠縫邑に天照大神を祀る場所を定めた。その笠縫邑の候補地は多い。三輪山近辺、三輪山北東方の山中、田原本町《たわらもとちょう》、そして飛鳥などに候補地が散在する）

檜《ひ》原《ばら》神社

【大神《おおみわ》神社摂社《せっしゃ》】【式内社】【村社】（奈良県桜井市三輪檜原）

◎倭国　笠縫邑《かさぬいのむら》

出発した豊鍬入姫は、まず笠縫邑《かさぬいのむら》に天照大神を祀る場所を定めた。その候補地は多く、三輪山近辺、三輪山東北方の山中、田原本町《たわらもとちょう》、そして飛鳥などに散在する。その中で、ここが笠縫邑の最有力地とされている。

三輪山の西北麓、山辺《やまのべ》の道沿いに鎮座し、祭神は、天照《あまてらす》大神若御魂神《おおかみわかみたまのかみ》（天照大神）、伊弉諾尊《いざなぎのみこと》、伊弉冊《なみ》尊。

拝殿は享保十九年（一七三四）に倒壊し、そののち再建されていない。故に本殿、拝殿はなく、三ツ鳥居という珍しい形をした鳥居がある。この鳥居は昭和四十年に造られたもので、明神型の鳥居を横一列に三つ組み合わせた、平面三ツ鳥居という形式である。同様のものが大神神社にもあり、この形式を三輪鳥居ともいう。ここの神社入口には鳥居ではなく二本の柱にしめ縄を掛けるという〆柱《しめばしら》があり珍しい。禁足地《きんそくち》の向かって左側には、昭和六十一年十一月五日に創祀された大神神社末社の豊鍬入姫宮《とよすきいりひめのみや》があり、豊鍬入姫命を祀る。

環緒塚《おだまきづか》（苧環塚）（桜井市箸中《はしなか》）

箸墓《はしはか》古墳から百メートルほど南にある。この自然石の塚は道標であり「天照大神鎮座□之址在東□七町許□笠縫邑」（□は解読不可能）と刻まれている。いつ頃置かれたかは不明。おおよその意味は「天照大神が鎮座《ちんざ》した跡が東にある。ここから七町ばかりのところで、笠縫邑という」であり、檜原神社のあたりを笠縫邑だと伝えている。古事記の「赤糸伝説」ゆかりの場所でもある。

ACCESS●アクセス

檜原神社
桜井市役所から国道169号と県道50号経由　車で17分

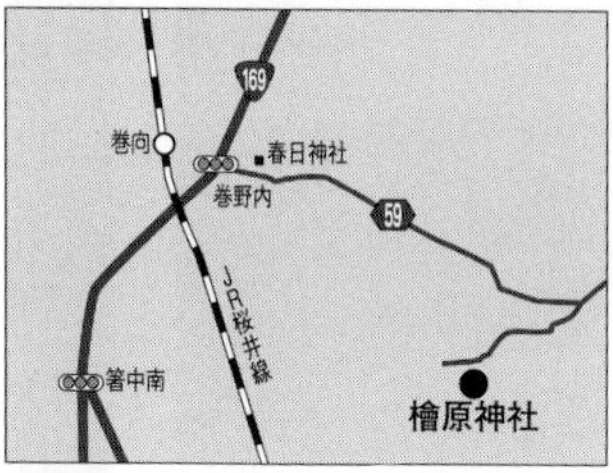

環緒塚
JR万葉まほろば線（桜井線）巻向駅より徒歩で19分

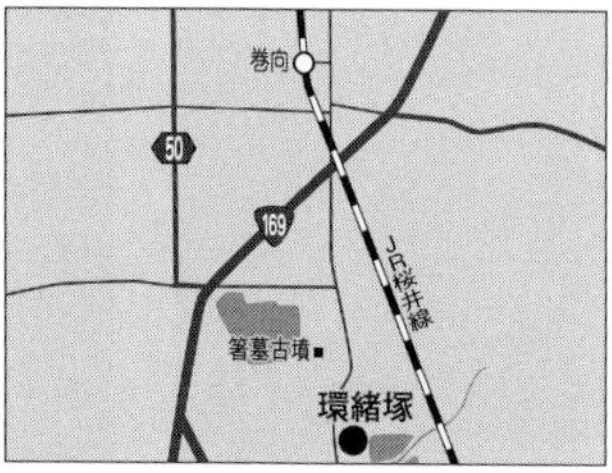

環緒塚は崇神天皇の宮からそれ程遠くない。皇居から近いという意味で天皇が訪れるのにも適当な場所のようだ。ここが笠縫邑にならなかった理由は何だろうか。この後、豊鍬入姫命と倭姫命は、次から次へと天照大神を祀る地を探し求めることとなる。理想の場所となる基準のようなものはあったのか。例えば広さとか天皇の住居からの距離とか。

大神神社《おおみわ》 [式内社] [官幣《かんぺい》大社] [大和国一之宮] （奈良県桜井市三輪一四二二） ◎倭国 笠縫邑《かさぬいのむら》

三輪神社、三輪明神とも称する。『延喜式《えんぎしき》』の「大神大物主（オホミワノオホモノヌシ）神社」。

祭神は大物主《おおものぬし》大神であり、大己貴《おおなむち》神、少彦名《すくなひこな》神を配祀《はいし》する。大物主神は大己貴神の和魂《にぎみたま》と伝わる。

三輪山自体が神体であり、祭神が山に鎮《しず》まるために本殿がない。

『紀』崇神天皇七年条によると、災いが起きた（疫病が広がり多数の死者が出た）とき、天皇は大物主神の教えでその子・大田田根子《おおたたねこ》命を祭主とし、大物主神を祭らせた。すると国内はようやく鎮まったという。

その姿を知らずに大物主神の妻となった倭迹迹日百襲《やまとととびももそ》姫命、彼女は最

後に、夫が神で、また美しく小さな蛇であることを知った。彼女の墓は、箸墓《はしはか》だという（『紀』）。

拝殿奥にある三ツ鳥居（三輪鳥居）は、中央の鳥居の左右に脇鳥居を付けたもの。柱が四本、入口は三カ所ありそれぞれに扉が付く。大神神社、同摂社の檜原神社に代表される。

写真手前の標柱《しめばしら》（〆柱）は社頭に立つ一対の柱。古くは特定の祭場の四隅に建てる柱で、これにしめ縄を張る。その後の、貫を通したものは鳥居の原型と考えられる。標柱は前述した檜原神社にも見られる。

▲摂社檜原神社の標柱を境内から臨む。

ACCESS●アクセス

大神神社

桜井市役所から国道169号と県道238号経由　車で9分　（Pあり）

穴師坐兵主神社《あなしにいますひょうず》

【式内社】【県社】（奈良県桜井市穴師一〇六五）

◎倭国　笠縫邑《かさぬいのむら》

『延喜式』の「穴師座兵主（アナシニマスヒヤウズ）神社」である。祭神は兵主神《ひょうずのかみ》。「兵主」は軍戦を司る神であり、オオクニヌシのことだとも、またスサノオだろうとする説もある。

宮「笠縫邑」の候補地としては漠然とした話しか聞かれないが、あえて掲載した。

社伝では垂仁天皇二年の鎮座という。「穴師」は穴磯、痛足とも書かれる地名だが、その意味については一説に強風のこととされる。

もと巻向《まきむく》山中、弓月《ゆづき》ガ岳にあった上社《かみしゃ》が穴師坐兵主神社、下社《しもしゃ》が穴師大兵主《あなしおおひょうず》神社であった。嘉吉、応仁の乱の頃（十五世紀）、上社が焼失したので下社に合祀され、その後、巻向坐若《まきむくにいますわか》御魂《みたま》神社も下社に来た。一

つの覆屋の中に三つの社殿のある様式となった明治七年から、中央主殿に穴師坐兵主神社、向かって左に穴師大兵主神社、右に巻向坐若御魂神社を祀っている。

穴師大兵主神社（式内社）の祭神は素戔《すさの》嗚《お》尊。またオオナムチあるいはアメノウズメとする説もあるが、「兵主神」が軍神・大国主だとするなら「大兵主神」は、その祖《おや》神・素戔嗚尊だろうと思われる。いまは穴師坐兵主神社の左に祀られるが、本来は祖神が中央に坐していたはず。ここへ遷された穴師坐兵主神社との間で、いつの間にか主客逆転があったのだろう。

巻向坐若御魂神社（式内社）の祭神は若御《わかみ》魂神《たまのかみ》。また豊宇気毘売《とようけびめ》神の親・和久産巣日《わくむすび》神（稚産霊）即ち御食津《みけつ》神とする説もある。

ACCESS●アクセス

穴師坐兵主神社
桜井市役所から国道169号経由
車で11分

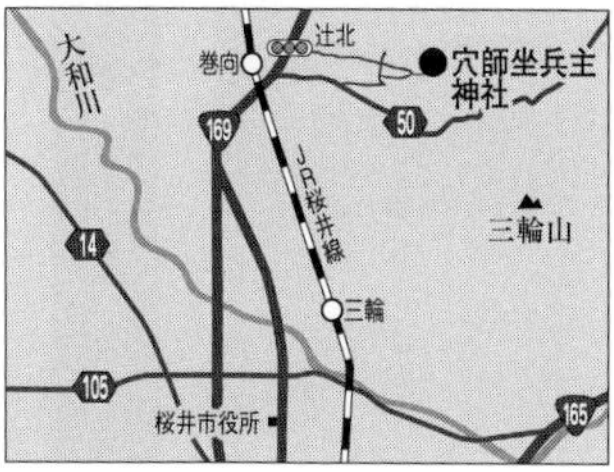

笠山荒《こう》神社【無格社】（奈良県桜井市笠）

◎倭国 笠縫邑《かさぬいのむら》

俗に笠山と称する標高約五〇〇メートルの山頂に鎮座し、笠の荒《こう》神《じん》ともいう。祭神は興津日子《おきつひこ》、興津比売《ひめ》、土祖神（ツチノミオヤノカミ、ハニオヤノカミ）。

『紀』崇神天皇六、七年条に「民百姓は流浪離散し、天皇の徳をもってしてもどうしようもなかった。天照大神を豊鍬入姫命に託し笠縫邑に、日本《やまとの》大国魂を渟名城入姫に託した。国が治まらないので天皇は神浅茅《かむあさぢ》原《はら》に行幸して、神々を集めて占った」とある。

ここに書かれた神浅茅原は、桜井市笠の浅茅原、同市茅原などを当てる説がある。とすれば、この

笠山荒神社は笠縫邑伝承地というよりは、神浅茅原の候補地ではないかと思われる。

　同社の祭神についてだが、まず興津日子神は『記』の大年神の系譜段にみられる、大年《おおとし》神と天知迦《あまちか》流《る》美《み》豆《づ》比売との間の第一子。興津比売神は第二子で、別名を大戸比売という。興津日子神と合わせて一神に数える。

ACCESS●アクセス

笠山荒神社
桜井市役所から国道169号と県道50号経由　車で31分　（Pあり）

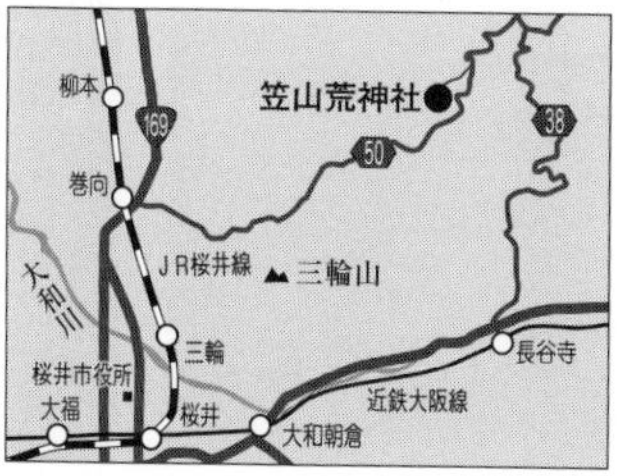

天神社《てんじんしゃ》［村社］（奈良県桜井市小夫《おおぶ》三一四七）

◎倭国　笠縫邑《かさぬいのむら》

中殿には天照皇大神、相殿は大来《おおくの》皇女《ひめみこ》を祭る。さらに東殿・天児屋根《あめのこやね》命（春日大神）、相殿・品陀別命《ほんだわけ》（応神天皇）、西殿が菅原道真（天満大《てんまんだい》自天神《じざいてん》）である。

集落中央に鎮座しており笠縫邑伝承がある。また背後の山は斎宮山と称したという。天神社までは、県道三八号から真っ直ぐな坂を上らなければならない。坂の手前には大きな石標があり「倭笠縫邑　泊瀬斎宮旧跡伝承地」と刻まれている。

鳥居の額には「天神宮」とあるが、これは弘法大師の筆であるという。鳥居下柵内の石は烏帽子《えぼし》石といい、天子ともいうが、この場合の天子の

意味は不明。本殿横にはケヤキの大木があって樹高三〇メートル、根回り一一メートル、樹齢千五百年ともいう。平成元年の調査では、県内巨木四十九種のうち二番目とされ、ケヤキでは第一番とされた。

化粧川、化粧壺（桜井市修理枝《しゅりえだ》化粧川）

修理枝川の流れが、一部小さな滝壺のようになっており、それぞれを化粧川、化粧壺という。豊鍬入姫命が化粧をし、大来皇女が禊《みそぎ》をした場所といわれる。

水源は小夫山中より発し、ここ修理枝を経て小夫と笠との境を通じて大和川（初瀬川）に合流するという。

鉄分を含む水のせいか、河床の岩が茶色に染まっている。

ＡＣＣＥＳＳ●アクセス

天神社

笠山荒神社より県道50号経由　車で14分（Pあり）

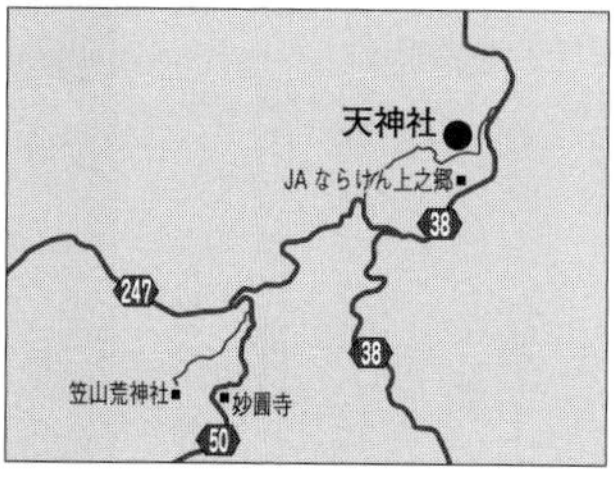

秦楽寺《じんらく》境内の笠縫神社

〔奈良県磯城《しき》郡田原本町《たわらもとちょう》秦庄《はたのしょう》〕

◎倭国　笠縫邑《かさぬいのむら》

高日《かさのひ》（蒿日）山秦楽寺は、大化三年（六四七）、秦《はたの》河勝《かわかつ》の創建と伝わる真言律宗寺院。境内に春日神社と笠縫神社が祀られている。笠縫神社の祭神は天照大神であり、このあたりが笠縫邑であったという。

秦楽寺の本尊は千手観音菩薩で、秦河勝が聖徳太子から賜った観音像を安置したことに始まるという。この寺からは、京都方広寺の大仏再建に尽力した僧が描いた大仏画が発見されている。

ACCESS●アクセス

笠縫神社（秦楽寺）
近鉄橿原線笠縫駅から徒歩10分
田原本町役場から県道14号を車で8分

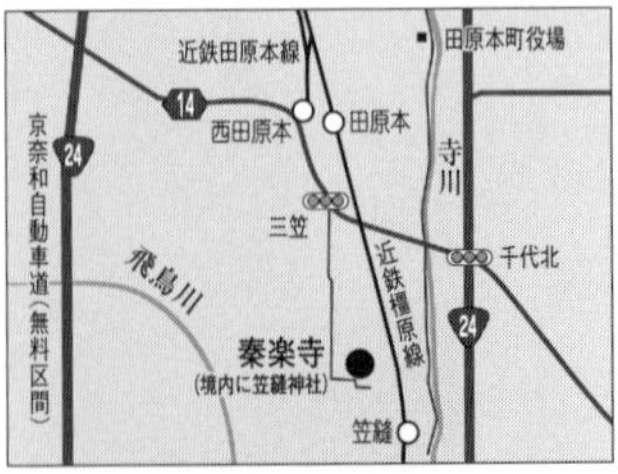

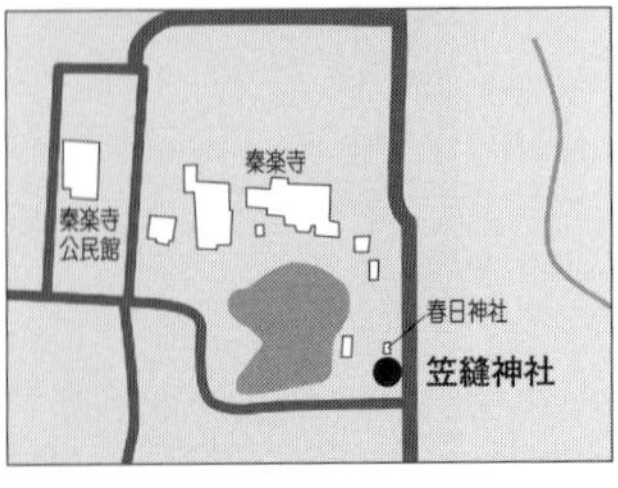

「姫大神」の石碑（奈良県磯城郡田原本町新木《にいき》）

◎倭国　笠縫邑《かさぬいのむら》

飛鳥川沿いに「姫大神」と刻まれた石碑があり、この辺りが笠縫邑であったという。埋まっていて読めない部分があるものの、次のようである。「姫大神（表）」「地名笠縫（カサヌキ）（左）」（「キ」とはこの場合「ヰ」が妥当だと思われるが「ヰ」とは読めない）「昭和五十六年六月（右）」以下（裏）

一行目「神代の時代 此の地は塚で神の境内地なり 時代の変化と〈共に〉」

二行目「田畑となり河川工事の為に土地が少くなり 今〈依り〉」

三行目「三十年前白竹大神の教により姫大神として祀る」

（〈　〉内は地中に埋まって曖昧な部分）

ACCESS●アクセス

「姫大神」の石碑
田原本町役場から県道112号を車で10分
（Pなし）

飛鳥坐《あすかにいます》神社

【式内社】【村社】（奈良県高市郡明日香村飛鳥七〇八）

◎倭国 笠縫邑《かさぬいのむら》

『延喜式』の「飛鳥坐（アスカノ）神社 四座」。祭神は事代主《ことしろぬし》神、高皇産霊《たかみむすび》神、飛鳥三日比売《あすかみかひめ》神、大物主神で、四神が坐すことから「飛鳥四社」、また単に「飛鳥社」と称される。近世以降は「飛鳥大神宮」「元伊勢」とも。

境内はかなり広く、八十の末社があったと伝わるが、享保十年（一七二五）の火災で旧態を全く留めていない。もとは飛鳥の神奈備《かんなび》山といわれる鳥形山《ちょうけいざん》に鎮座し、甘南備《かんなび》山から遷されたという。ただ、この甘南備山は雷丘《いかづちのおか》ほか幾つかの丘陵にあてる説があってはっきりせず、『万葉集』の歌から飛鳥川近辺の山か丘であったとうかがえる。

『万葉集』巻十三（3227）

…神名火《かむなび》の三諸《みもろ》の神の帯にせる
明日香《あすか》の川の水脈《みを》速《はや》み…

二月の第一日曜にお田植神事「おんだ祭り」があるが、夫婦和合を模した部分など民俗学的にも興味深い。奥の社に天照皇大神、豊受大神が祀られ、向かって右に「大神宮」と刻された灯篭（写真右）一基ある。

ACCESS●アクセス

飛鳥坐神社
桜井市役所から県道15号を車で11分（Pあり）

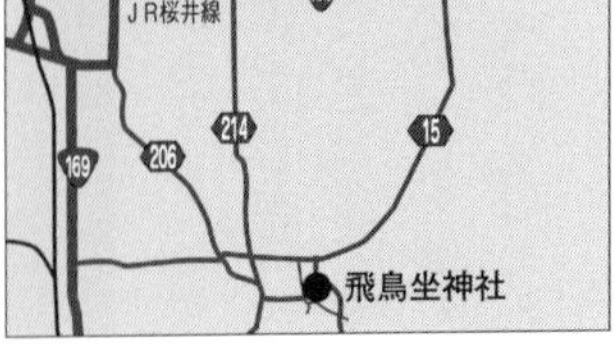

大和《おおやまと》神社

【式内社】【官幣大社】〔奈良県天理市新泉町《にいずみちょう》三〇六〕

『延喜式』の「大和坐大國魂（オホヤマトニマスオホクニタマ）神社三座」。神社の由緒書きによると、祭神は日本《やまと》大国魂大神（大地主大神《おおとこぬしのおおかみ》）、八千戈《やちほこ》大神（向って右）、御年《みとし》大神である。摂社五社のなかに渟名城入姫神社があり、ほかに末社が四社。『紀』によると「渟名城入姫《ぬなきのいりひめ》の体調不良で、祭祀が遂行できなくなった。そこで崇神天皇七年十一月十三日に、改めて市《いち》磯長尾市《しのながをち》に倭《やまと》大国魂神の祭りを託した。これがこの神社の起源である」とのこと。

なお太平洋戦争時、超弩《ど》級といわれた戦艦大和は、その名にあやかり、この神社から日本大国魂神を分祀《ぶんし》して艦内に祀っていたという。

ACCESS●アクセス

大和神社

JR万葉まほろば線（桜井線）長柄駅から徒歩で8分（Pあり）

淳名城入姫《ぬなきのいりひめ》神社

【大和神社境外末社】〔奈良県天理市岸田町〕

大和神社より南へ約八〇〇メートル、ここに大和神社境外末社の淳名城入姫神社が鎮座し、淳名城入姫が祀られる。俗に斎《さ》侍《ね》御前《ごぜん》と称する。

彼女が倭大国魂大神を祭った本拠地がここだろうか。姫とこの神の関係は、ちょうど斎王とアマテラスに匹敵する。彼女が祭りを行いながら体調不良となり、療養した、あるいは最期を迎えたのはここかもしれないが、特に伝承は残らない。

『紀』崇神天皇元年条に、第十代崇神天皇の妃・遠《とほ》津《つ》年魚《あゆ》眼《め》眼《ま》妙媛《くはしひめ》は豊鍬入姫を産んだとあるが、次の妃・尾張大海《おおしあま》媛が淳名城入姫の母である。豊鍬入姫と淳名城入姫との年齢差は不明だが、異母兄弟である。

ACCESS●アクセス

淳名城入姫神社
JR万葉まほろば線（桜井線）柳本駅から徒歩で9分
大和神社より徒歩で9分

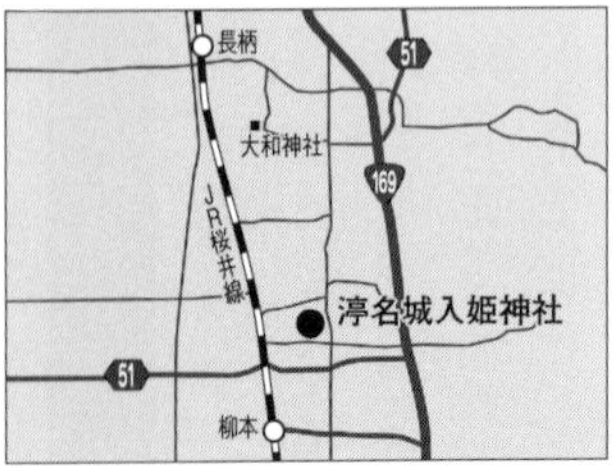

倭《やまとの》（日本）大国魂神《おおくにたま》のその後

『紀』崇神天皇六年条

「亦、日本大国魂神を以ては、渟名城入姫命《ぬなきのいりひめのみこと》に託《つ》けて祭らしむ。然るに渟名城入姫、髪落ち体痩《やすか》みて祭《いはひまつ》ること能《あた》はず」。

また垂仁天皇二十五年三月条に「一《ある》に云《い》はく（ほかの言い伝えでは）」として次の記述がある。

「垂仁天皇は誰に大倭大神（倭大国魂神）を祀らせるかと中臣連の祖・探湯主《くかぬし》に占わせた。稚姫命《わかひめのみこと》が選ばれ、神を祀る地を穴磯邑《あなしのむら》に定め、大市の長岡の岬にお祭りした。しかし彼女は体がやせ弱ってお祭りすることができなかった。それで大倭直《やまとのあたい》の祖の長尾市宿祢《ながおちのすくね》に命じて祭らせたという」

ヌナキイリヒメとヌナキワカヒメは倭大国魂大神を祭るという同一の案件に登場し、名前も似ている。同一人物かもしれない。その過程で痩せ細るという筋書きも同じである。

現在、倭大国魂大神は大和神社に祀られている。

地名について

「穴磯邑《あなしむら》」については『延喜式・神名帳《じんみょうちょう》』に載る城上郡《しきのかみ》（現桜井市穴師町）の穴師坐兵主《あなしにいますひょうず》神社に比定される。

「大市」は『和名抄《わみょうしょう》』に城上郡に大市郷（現桜井市箸中）とみえ、箸墓のあたりだとされる。（『紀』崇神天皇十年条）

「長岡岬」は不明だが、大和神社東南方、現天理市柳本町にある長岳寺付近が上長岡《かみながおか》である。

「市磯長尾市」の市磯は地名と考えられ、磐余《いわれ》（天香久山北麓に比定）には市磯池があった。（『紀』履中天皇三年十一月条）

はじめ倭大国魂大神は「ヤマト」に鎮座したが、このヤマトの範囲は次第に拡大していったと考えられている。また当初の鎮座地は、現在地ではないとする説もある。

笠縫邑の後

笠縫邑の後について、『世記』によれば豊鍬入姫命は、あちこち遠くに足をのばしている。

崇神天皇三十九年から「但波の吉佐宮《よさのみや》」に四年。
同四十三年から「倭国の伊豆加志本宮《いつかしのもとのみや》」に八年。
同五十一年から「木乃国の奈久佐浜宮《なぐさのはまのみや》」に三年。
同五十四年から「吉備国の名方 浜宮《なかたのはまのみや》」に四年。

現在の京都⇩奈良⇩和歌山⇩岡山である。あちこちを確たる目的もなく彷徨《さまよ》っているように見える。脈絡の見えないこの道順に、もし意味が見出せるのであれば、それこそが重要であり、各々の宮をどの神社に比定するかという以上に大きな発見となるはずだ。

例えば但波（丹波）の吉佐宮は、伊勢神宮の外宮とその祭神・豊受大神《とようけのおおかみ》に関連する可能性が大きい。

ただ豊鍬入姫命および倭姫命に限って言えば、あくまでも天照大神を奉じた巡幸なので、豊受大神とは切り離して考えるべきだろう。従って本書では豊鍬入姫の事績の四カ所については、検討から外すことにした。

豊鍬入姫命は何年旅をしたか

『世記』を読む限りにおいて、崇神天皇の命を受けた豊鍬入姫命の出発は、崇神天皇五年。弥和《みわ》御室嶺上宮《みむろのみねのうえ》に着くのが同五十三年。ここで二年奉斎し、その後、倭姫命と交代するので、彼女は約五十年もの間、アマテラスのために人生を奉げた計算になる。

第二章◉倭姫命の旅立ち

◉倭国　弥和御室嶺上宮《みわのみむろのみねのうえのみや》

『世記』　崇神天皇五十八年、豊鍬入姫命《とよすきいりひめ》は倭の弥和の御室嶺上宮に移り、二年間お祭りをした。この時「私は決められた期間をその仕事に十分励んだ」と言って、倭姫命を御杖代《みつえしろ》として交代した。

『儀式帳』　美和乃御諸原爾造斎宮。…美和乃御諸宮

◉大和国　宇多秋宮《うたのあきのみや》

『世記』　崇神天皇六十年、大和国の宇多秋宮に移り、四年間お祭りをした。その時、倭の国造《くにのみやつこ》は、采女《うねめ》の香刀比売《かとひめ》と田を献上した。

『儀式帳』　宇太乃阿貴宮坐只。

◉大和国　宇多佐佐波多宮《うたのささはたのみや》

『紀』　垂仁天皇二十五年条

三月に天照大神を豊鍬入姫命から離して、倭姫命に託した。ここに倭姫命、天照大神が鎮座する所を求めて、菟田《うだの》筱幡《ささはた》に行った。

『世記』　宇多秋宮から進んで、佐佐波多宮に留まった。

『儀式帳』　次佐々波多宮坐只。其爾即大倭国造等。神御田並神戸進只。

高宮社

【大神神社摂社】（奈良県桜井市三輪神峯《こうのみね》） ※写真は三輪山

◎倭国　弥和《みわ》乃《の》御室嶺《みむろのみね》上宮《うえのみや》

『世紀』によると、豊鍬入姫《とよすきいりひめ》命は倭の弥和《みわ》の御室嶺上宮《みむろのみねのうえのみや》に移り、二年間お祭りしたのち「私は決められた期間をその仕事に十分励んだ」と言って、御《み》杖代《つえしろ》を倭姫命と交代した。天皇の命でその任に就いた豊鍬入姫が、どれほど十分に励もうと、自らの意思で役目を放棄することができたのか、疑問である。

祭神は日向御子《ひむかいのみこ》神。これは邇邇芸《ににぎ》命のことで、三輪山の頂上、玉垣内の池に浮かぶ小島の上に、南西向きに鎮座する。

本殿（春日造、銅板葺）と木製鳥居のみで、江戸時代には雨乞いのため登拝したところという。現在は、山麓の

摂社・狭井《さい》神社から登拝できるが、社務所への届け出と許可が必要。例祭は四月九日。社殿の北東に奥津磐座《おきついわくら》群がある。

御室嶺上宮は三輪山頂にあったと伝わる。美和山、御諸山、三諸山、見諸岳とも書かれ、標高は四百六十七・一メートル。周囲十二キロ。全山、年輪を重ねた松や杉が茂っている。

「弥和の御室嶺上宮」は、素直に読めば「三輪山の頂上の宮」となるが、果たしてそのようなことがあっただろうか。神々の棲む山の頂に宮があるとは、考え難い。

ACCESS●アクセス

高宮社

JR万葉まほろば線（桜井線）三輪駅から県道238号線経由で徒歩15分→狭井神社から徒歩1時間

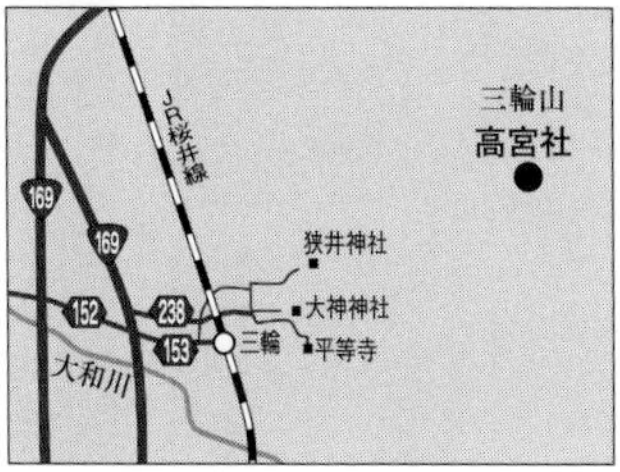

阿紀神社《あき》【式内社】【県社】（奈良県宇陀市《うだし》大宇陀《おおうだ》迫間《はさま》二五）

◎大和国　宇多秋宮《うたのあきのみや》

『延喜式』の「阿紀（アキノ）神社」。『命世記』にみえる「大和国の宇多秋宮」の候補地であり、ここで四年間お祭りをしたという。

天照大神を主神とし天手力男命《あめのたぢからお》、邇邇藝《ににぎ》命、秋姫命、八意思兼命《やごころおもいかね》を配祀《はいし》する。創《そう》祀《し》は応永三十一年（一四二四）という。もと神戸《かんべ》明神あるいは神戸大神宮と称されて天照大神、瓊々杵尊《ににぎ》、高皇産霊尊《たかみむすび》を祀っていたと伝わる。社記には初代神武天皇が宇陀に入った時、この阿紀野において天照大神を奉斎したとある。

往古、この地は伊勢神宮の神戸であり、また「宇陀《うだ》」については「菟田」「宇太」などと記されていた。社地の前を流れる本郷川は同社の御手洗川である。また神社の

南に小さな丘があり「高天原《たかまがはら》」と呼ばれている。天正年間（一五七三～一五九三）に阿紀神社をここに遷座《せんざ》したと伝え、また造営の際に一時遷座する場所であるともいう。現在では祠《ほこら》の基壇のような跡が残る。

近年、数百メートル離れた元伊勢とも呼ばれる「大宇陀本郷テラス」が宮跡だと言われていて、「テラス」はアマテラスから来たとされる。

▲高天原と呼ばれる丘
石垣が積まれ、頂上には、祠の基壇のような跡がある。

ACCESS●アクセス

阿紀神社
近鉄大阪線榛原駅から国道370号と国道166号経由　車で19分
高天原　阿紀神社より徒歩２分

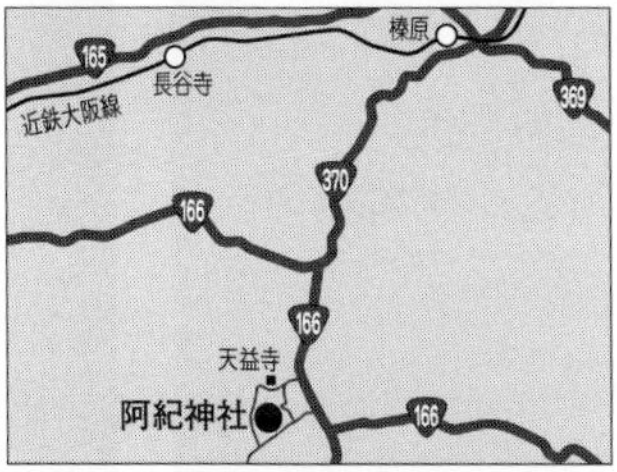

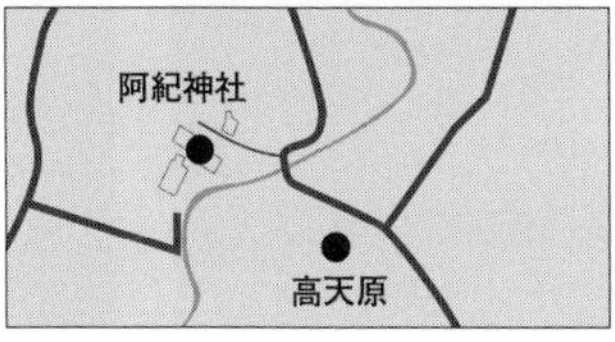

篠畑《ささはた》神社

【県社】〔奈良県宇陀市榛原山辺三《はいばらやまべさん》 二二三五〕

◎大和国　宇多佐佐波多宮《うたのささはたのみや》

祭神は天照皇大神、市杵島姫《いちきしまひめ》命、篠畑姫命。

『紀』垂仁天皇二十五年三月《やよひ》条に「天照大神を豊耜《すき》入姫命より離ちまつりて倭姫命《やまとひめのみこと》に託《つ》けたまふ。爰《ここ》に倭姫命、大神を鎮《しづ》め坐《ま》させむ処《ところ》を求めて、菟田《うだ》の筱畑《ささはた》に詣る。筱、此をば佐佐《ささ》と云ふ。更に還《かへ》りて近江《あふみ》国《くに》に入りて、東のかた美濃《みの》を廻《めぐ》りて、近江国に到る」とみえる。「うたのささはた」については、『紀』『儀式帳』『世記』ともに登場する。

『大和国風土記逸文《いつぶん》』には「宇陀の郡《こほり》、篠幡《はた》の庄《しやう》。御杖《みつゑ》の神の宮」とあり、続けて御杖神社は天照大神の御魂を祭っているのではない、倭比

売命は天照大神を戴いて御杖となってこの地に至った、宮とすべき地を訪ねて三カ月が過ぎ、ついに神戸とした、という記述がみえる。

菟田、宇多は、ほぼ現在の宇陀《うだ》を指す。ので、同社が場所や神社名から、佐佐波多宮ではないかといわれる。ほかに候補地として葛《くず》神社、四《し》社《しゃ》神社、御杖《みつえ》神社などが挙げられる。

宇陀郡御杖村には、倭姫命の伝承地が数多く残っている。

ACCESS●アクセス

篠畑神社
葛神社から国道165号を徒歩7分
近鉄大阪線榛原駅から同国道を車で8分

葛《くず》神社 【村社】（宇陀市榛原山辺三一一四五－一）

主祭神は天照皇大神。

大己貴《おおなむち》大神、九頭龍《くずりゅう》明神が境内社に配祀されている。

現地の案内板には、次のような由緒が記されている。

「伝として、垂神《ママ》（おそらく垂仁・筆者）天皇二十五年春、天照大神が当地篠幡へ移った時、豊耜《とよすき》入姫命、倭姫命の二柱の神を篠畑神社の摂社として当社にお祭りしたのだが、中古誤って現祭神（天照大神）を祭ってきた。文化八年（一八一一）未曽有の豪雨があり、戒場岳《かいばだけ》吐山峠《はやまとうげ》より土石流が溢れ、社殿が流失し

たために、この場所に新しく社殿を建立した。その時の棟札が発見され、社号が九頭大明神社とある」。

倭姫命の供をした人々

『儀式帳』には倭姫命の供をした五人の名前がみえる。すなわち阿倍武渟川別《たけぬなかわわけ》命、和珥《わに》彦国葺《ひこくにふく》命、中臣《なかとみ》大鹿嶋《おおかしま》命、物部十千根《とちね》命、大伴武日《たけひ》命である。ただし『紀』にも同じ名前が連なっていて、五人が天皇の訓示を承ったように書かれているが、倭姫命の供をしたとは読み取れない。

なお武渟川別は四道将軍のひとり。大伴武日は、倭姫命の甥であるヤマトタケルの東征に従っている。

ACCESS●アクセス

葛神社
宇陀市役所から国道165号を車で10分
篠畑神社から国道165号を徒歩7分

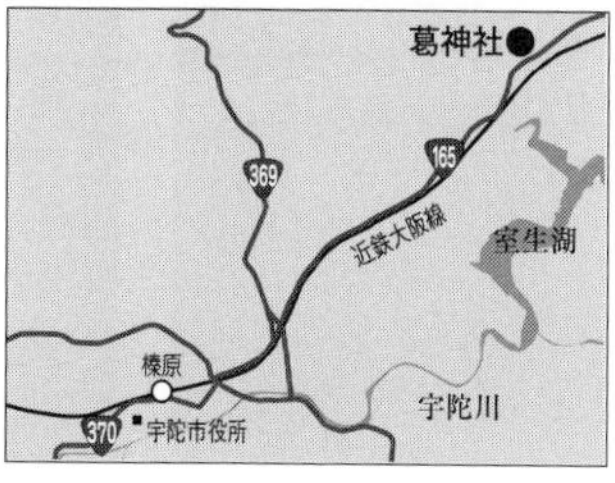

御杖神社

〔式内社〕〔郷社〕（奈良県宇陀郡御杖村神末園座《こうずえそのくら》一〇二〇）

◎大和国　宇多佐佐波多宮《うたのささはたのみや》

『式内社』の「御杖（ミツエノ）神社」。

倭姫命が天照大神を奉じて一泊し、候補地の一つとするしるしに御杖を置いておかれた。村人は神様の御杖と崇めてそこに神社をつくり御杖神社と呼んだ。御杖村の名前の由来もここにある。

祭神は久那斗《くなど》神、八衢《やちまた》比古《ひこ》神、八衢比女《ひめ》神を含む十五柱。久那斗は「杖」、八衢は「辻」の意味である。明治十二年の神社明細帳には、この三柱を述べた後「或いは天照皇大神・倭姫命」とある。

神末は伊勢神宮の神戸と定められ、明治初期まで五石五斗の貢米

を奉献していた。もと伊賀の国に属していたことで、御杖神社が名張の市守宮（隠市守宮）だとする伝承がある。市守宮には四年間の奉斎であったと『世記』にみえるが、ここ御杖神社には「この地に三か月とどまられ」たとの伝承がある。

ACCESS●アクセス

御杖神社
宇陀市役所から国道369号を車で34分
近鉄大阪線榛原駅から車で約1時間

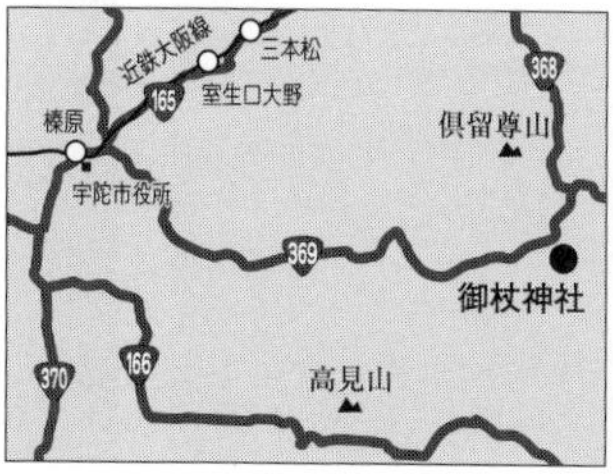

◎大和国 宇多佐佐波多宮《うたのささはたのみや》

四社《ししゃ》神社 【村社】〔奈良県宇陀郡御杖村菅野宮ノ本二三〇九〕

祭神は大日霊貴尊《おおひるめむち》、伊邪那美《いざなみ》命、誉田別尊《ほんだわけ》、天津児屋根《あまつこやね》命の四神。あるいは天照大神、春日大神、八幡大神、熊野大神の四柱ともいい、社名を「四柱《しはしら》神社」とも呼ぶ。創始は不詳。境内神社に八坂神社（須佐之男命）、稲荷神社（豊宇気姫神）、倭姫命神社、酢香手姫《すがてひめ》命神社がある。

以下は社伝である。

倭姫命は当地に行宮を造り、天照大神を祀った。以後ここを「天照の道、元伊勢」として崇拝する。また「手洗ひの井戸」があり、この井戸で手洗いし、口をすすいだとき「すがすがしい野原だ」と言

ったので「すがの」と称した。「酢香野」「菅野」などと書いた。第三十一代用明天皇の時代（五八五～五八七）、御杖代《みつえしろ》となった稚足《ちたりの》姫はこの行宮跡に宮を造った。そのとき酢《す》の泉が湧き、酢の香が姫の手に移った。故にこの地を酢香野と命名し、自ら酢香手姫《すかてひめ》と称した。この泉を酢壺田《すつぼだ》という。

この「手洗いの井戸」と「酢壺田」は別の泉であり、現在、写真のように「倭姫命禊《みそぎ》の御井」と「史跡　スッポダ」の碑がある。

ACCESS●アクセス

四社神社
宇陀市役所から国道369号経由
車で37分（Pあり）

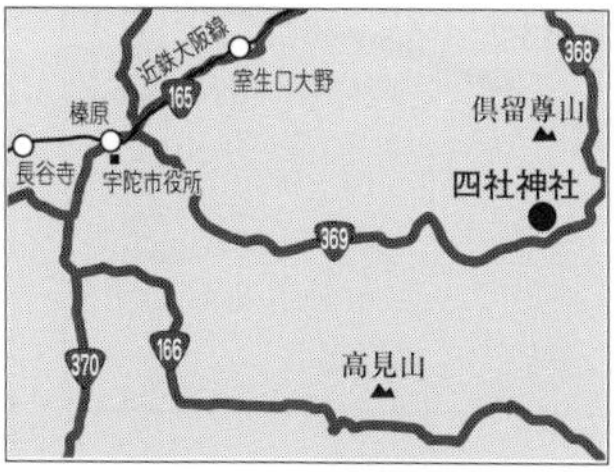

皇女ひと休みの地・御杖《みつえ》村

御杖村には、倭姫命に関する多くの伝承がある。

鞍取坂

〔御杖村桃俣《もおまた》～宇陀郡曽爾《そに》村山粕《やまかす》〕

桃俣から曽爾村山粕へ越すための、境界の峠である。倭姫命が伊勢に行くとき、この峠の坂で馬の鞍が飛んでしまった。そこで「鞍飛び坂」とか「鞍取峠」というようになったと伝わる。倭姫命は、ここでしばし休憩したともいう。

駒つなぎの杉

〔御杖村菅野西川〕

このあたりに「駒つなぎの杉」（「神代杉《じんだいすぎ》」とも）という一本杉があった。倭姫命が、この杉に駒をつないで神宮地を探している時、駒が引っ張ったため幹が少し曲がったという。現在は存在しない。

倭姫命は諸方を訪ねて一里の山奥の不動滝まで行ったが、海がないのでこの地は外したという。

この街道を伊勢本街道といい、伊勢神宮の奉幣使がは常にこの村を通過した。

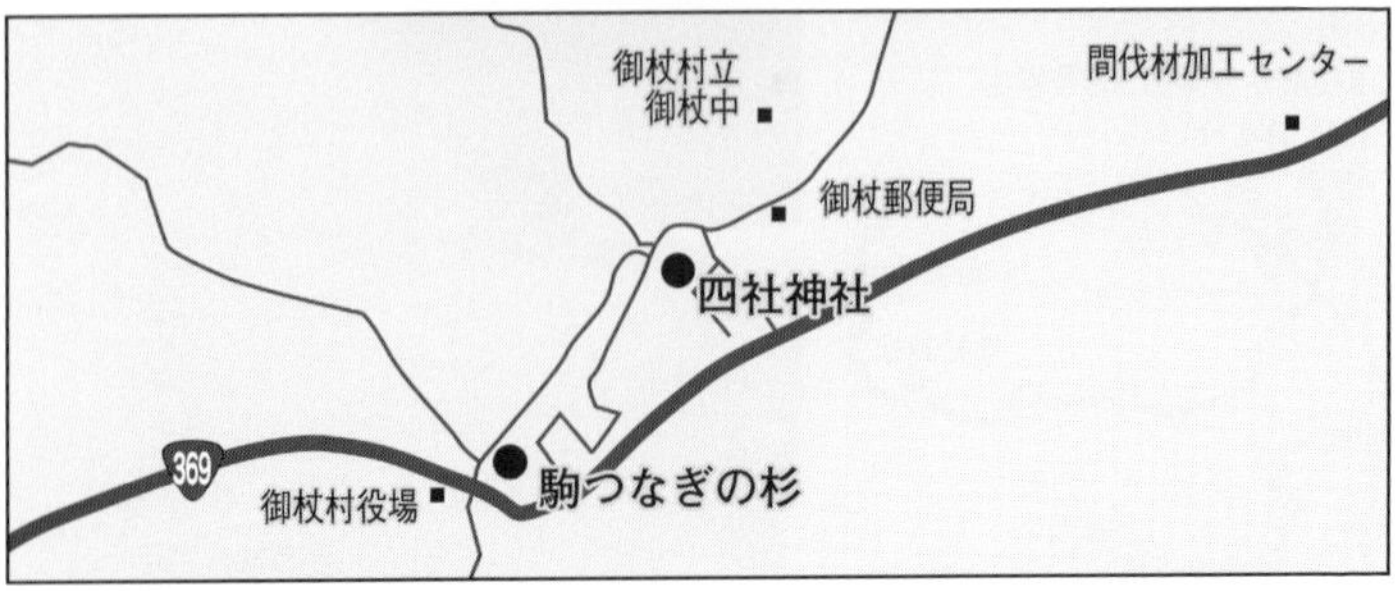

腰かけ石

〔御杖村神末小屋〕

倭姫命が腰掛けた石と伝わっている。このあたりに巨岩があったというが、今はない。

紅石

〔御杖村神末小屋〕

小屋神社の境内に「紅石さん」がある。倭姫命が賊に追われて、紅や白粉《おしろい》を捨て、その紅で石が染まったという。また賊の目をくらますためにここで髪を落とし、男の姿になったので、落髪《らくはつ》ともいい「やれやれ楽になった」と道端の石に腰掛けたので、楽石ともいう。これは大洞山中の杉林の中にある。「腰かけ石」「紅石」までは道幅狭く、到着は困難であるため、地図を省略した。

敷《しき》津《づ》の七不思議

（宇陀郡御杖村神末《こうずえ》敷津）

御杖村の敷津地区には古来「敷津の七不思議」が伝わる。（なお敷津は色津、色豆、式津などとも表記）。

現地看板の銘を記す。

一、子もうけ石　二、月見岩　三、夫婦岩　四、倭姫の手洗井戸跡
五、弘法の井戸　六、金壺石　七、姫石明神。

このうち、倭姫命に関わる三件、月見岩、倭姫の手洗井戸跡、姫石明神を紹介する。

月見岩（観月岩）

〔御杖村神末敷津〕

もとは大きな岩だったらしく、倭姫命はその上で仲秋の名月を愛でたという。大まかに計測したところ縦72センチ、横108センチ、高さ37センチ。古老の話では、現在は集落があるが、昔は木が鬱蒼と茂って森をなしていたという。

倭姫の手洗井戸跡

〔御杖村神末敷津〕

倭姫命が手洗したとされる。夏季旱天《かんてん》でも、この清水だけは涸渇《こかつ》したことがない霊泉であるともいう。敷津七不思議の四である。

姫石明神

〔御杖村神末敷津〕

南向き女陰の形の穴がある。石を姫石《ひめし》といい神体である。この奥に一丈ばかりの大岩があり、岩のもとから雑木が生えていて、枝に祈りの紙切れが多く結び付けられている。良縁、婦人病に御利益があるとのこと。倭姫命が婦人病の快癒を祈り、以後、姫石と呼ぶようになったという。

アマテラスについて

アマテラスは言うまでもなく、日本の神話の代表的な神である。「天照大神《あまてらすおおかみ》（紀）」「天照大御《み》神（記）」などと書かれ、神宮では特に「天照坐皇大御神《あまてらしますすめおおみかみ》」という。しかし「大日孁貴《おおひるめむち》」など、別名のような称号もある。

　そして女神であるのが周知のように言われるが、これは本当だろうか。古今東西、太陽神はほとんど男神だといわれてきた。天岩戸に隠れたとき天鈿女命《あめのうずめ》が一糸纏《まと》わぬ姿で踊ったのは、男性に対する挑発のようにも見える。するとアマテラスはもともと男神であったものが、いつしか女神にされたのか。さらに、斎王は女性であるから、神の妻として、もとは男神に仕えていたと考えられなくもない。

　第四十一代持統《じとう》天皇などは、和風諡号《しごう》を「高天《たかまの》原廣野《はらひろの》姫天皇《ひめのすめらみこと》」といい、自らを高天原に住む神・アマテラスとして振る舞ったともいわれる。

　また、邪馬台国の女王卑弥呼《ひみこ》をアマテラスと同一視する説がある。しかし卑弥呼が魏に使いを送ったのは西暦二三九年である。伊勢神宮二千年説を否定しなければ、この説は日の目を見ない。卑弥呼についてはまた神功《じんぐう》皇后、倭迹迹日百襲姫《やまとととびももそひめ》命だったなど、様々な説がある。

アマテラスは皇室本来の祖神か

　皇室本来の祖神は天照大神なのか。主な問題点は、私の考えでは以下の三点に集約される。

一、祖神ならば何故ヤマトから離れた場所に祀る必要があったのか。

二、祖神であるのに、天皇が伊勢に参拝することがほとんどなかったのはなぜか。

三、皇室はこれまで、アマテラスに対し、どのような祭祀を行ってきたか。

第三章◎伊賀国

◎伊賀国　隠市守宮《なばりのいちもりのみや》

『世記』崇神天皇の六十四年、伊賀国の隠の市守宮に移り、二年間お祭りした。

◎伊賀国　穴穂宮《あなほのみや》

『世記』崇神天皇六十六年、伊賀国の穴穂宮に移り、四年間お祭りをした。その時、伊賀の国造《くにのみやつこ》は、箆《ふぢ》(藤)の山、葛《かづら》の山の神戸、人や田、年魚を取る淵、魚を取る仕掛けを作った瀬などを献上した。朝夕の食事をお供え申し上げるためである。

『儀式帳』次伊賀穴穂宮坐只。

◎伊賀国　敢都《あえと》美恵宮《みえのみや》

『世記』垂仁《すいにん》天皇二年、伊賀国の敢都美恵宮に移り、二年間お祭りをした。

『儀式帳』次阿閇《あへ》柘殖宮《つみえのみや》坐只。

宇《う》流《る》冨《ふ》志《し》禰《ね》神社（宇流冨志祢神社）【式内社】【県社】（三重県名張市平尾三三一九）

◎伊賀国　隠市守宮《なばりのいちもりのみや》

ここからは「隠市守宮」の候補地を見ていく。『延喜式』の「宇流富志弥（ウナネノフシミノまたはウルフシネ）神社」。倭姫命ゆかりの市守宮として、まず挙げられる候補地がここである。

宇奈根命《うなね》を主祭神として、ほかに十柱を祀る。社名は潤《うる》う伏《ふし》水を意味する「ウルフシミ」からとったといい、水と結びついた言葉である。もともとは宇奈根神を祀る宇奈根神社として創建された。宇奈根神は「隠《なばり》」即ち名張付近の開拓神として古来より祀られてきたというものの、社殿は一五八〇年「天正伊賀の乱」で、一度、全焼している。

鎌倉時代に書かれた『春日社記』によれば、神護景雲《じんごけいうん》元年（七六七）、武甕槌神《たけみかづち》を鹿島神宮より大和に遷祀した際、この地に留まったことをもって創建とされる。神領は公的に維持されて

きたが、織田信長が入国した際に没収され、江戸時代、藤堂氏が社殿、祭祀ともに再興。明治になって合祀で祭神が増えた。

※註　天正伊賀の乱　北畠信意と伊賀国豪族との戦い。

宇流冨志禰神社の南側、名張川に臨むこの巨岩を弁天岩という。
巨岩の上に鎮座し「うなり社」「みなり社」などと称えていた宇奈根神は、ここに遷され今に至るという。弁天岩は「宇流冨志禰神社の初めての鎮座地であり、崇神天皇六十六年、倭笠縫の里より（倭姫命が）御遷幸の際の途次、御駐輦《ちゅうれん》になった処」との言い伝えがある。駐輦とは天子が車を留めること、また行幸先に滞在することをいう。

ACCESS●アクセス

弁天岩
宇流冨志禰神社から徒歩2分（Pなし）

宇流冨志禰神社
神社近鉄大阪線名張駅より徒歩7分
名張市役所から国道165号と名張街道を車で6分（Pなし）

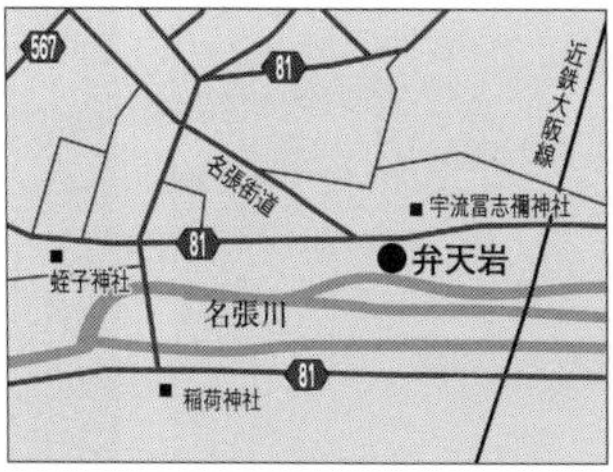

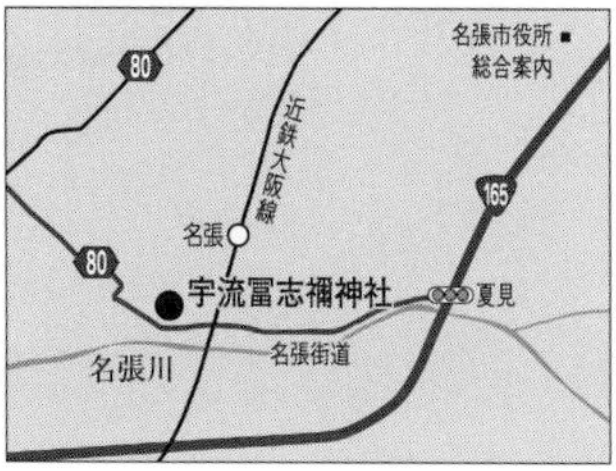

蛭子《えびす》神社 〔無格社〕（三重県名張市鍛治町九七）

◉伊賀国　隠市守宮《なばりのいちもりのみや》

古来「市守宮」の別称があり、真新しい「隠市守宮」の石柱がある。「市守宮」とは中世初期の市場を意味するともいう。

祭神は事代主《ことしろぬし》命。蛭子はヒルコと読めるがエビスと読まれている。もとは恵比寿神社だったからだという。

蛭子神はイザナギ、イザナミの間にできた最初の子で、手足がなかったので葦船に入れて流されてしまった。金銭の意味のおアシが出ないことから、商売繁盛の神とされる。古来よりこのあたりは市場の地であったとされ、「六か市」が開かれていた。六か市とは一と八のつく日、即ち月六回の一八市とのことである。

川を挟んで南側には三輪神社があった

というが、現在は稲荷神社に合祀されている。蛭子神社はもと三輪神社に祀られていたが、橋守りのために名張川の対岸の現在地に遷されたものという。

倭姫の機殿

倭姫命は宇陀《うだ》から（名張の）錦生《にしきお》に入り市守宮に二年留まった。宇流冨志禰《うるふしね》神社、蛭子《えびす》神社、三輪神社跡、名居《ない》神社などが候補地として挙がる。

市守宮は現在の名張市内にあったとされ錦生《にしきお》では倭姫命が機殿を建てて錦を織った伝承があるが、明治時代の創作だとの指摘もある。

古代、名張は「隠」と書き、人々がさまざまな思いを抱いて行き交う要衝であった。飛鳥地方からの官道は、この地で東海路と伊勢路に分かれた。江戸時代には名張藤堂氏の支配下にあった。

古くから栄えていたことは、近くに美旗《みはた》古墳群があることでもわかり、夏見廃寺は大津の皇子の姉・大来皇女に縁があると伝わる。

なお『儀式帳』には、市守宮の記事がない。

ACCESS●アクセス

蛭子神社
名張市役所から国道165号と県道50号名張街道経由　車で8分（Pなし）

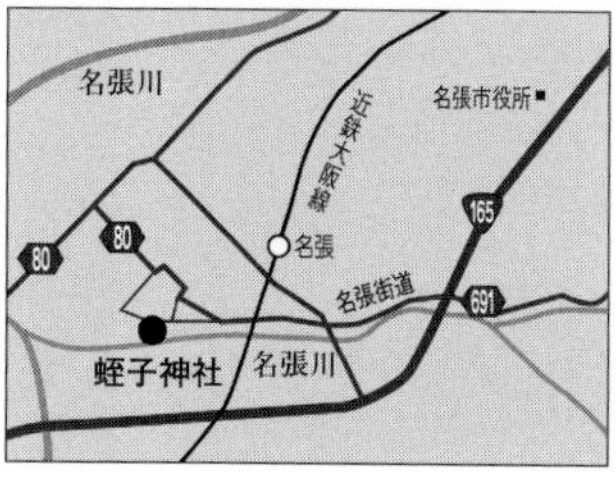

藤光大神（三重県名張市箕曲《みのわ》中村）

この神社に関する資料はほとんどない。「箕曲中村に三輪神社という神社があったが、もと倭姫命の市守宮であった」との伝承が残るが、今、この地に三輪神社はない。

三輪神社跡が多分この辺りであろうというのは、あくまでも筆者の考えである。「藤光大神」の額が掛かる鳥居と小さな祠、箕曲中村にあるということで、往時の三輪神社ではないかと思う。「とうこう」と読むのか。史料がない上に、藤光大神がどういう神様なのか、また「藤光」が何を意味するのかも不明であ

◎伊賀国　隠　市守宮《なばりのいちもりのみや》

る。

もともと三輪神社の祭神は大物主命で「十代崇神天皇六十四年大和国笠縫から市守宮（一の森宮）に奉斎、鎮座した」とされるが、それに加え、昔は蛭子《えびす》神社が祭られていたという。

三輪神社は、明治時代に瀬古口の稲荷神社（次頁）に合祀された。とすると前述の蛭子神社は、三輪神社がもとになっているのだろうか。同社の西側には宇陀《うだ》川が流れている。

ACCESS●アクセス

藤光大神
近鉄大阪線名張駅から徒歩30分
名張市役所から国道165号を車で7分

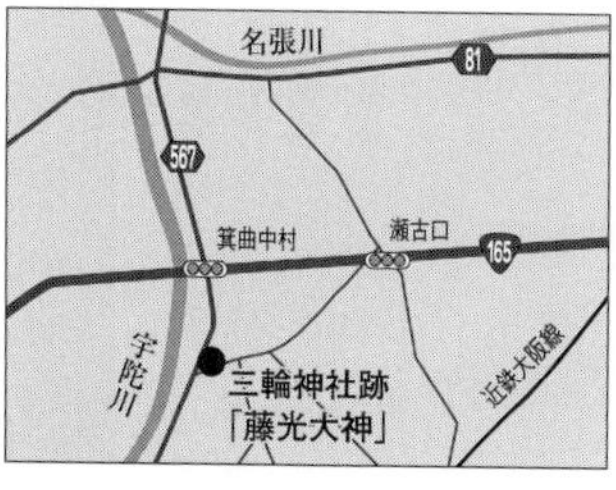

稲荷神社【村社】（三重県名張市瀬古口二七七）

◎伊賀国　隠《なばりの》市守宮《いちもりのみや》

蛭子神社のところで触れた稲荷神社である。祭神は、宇迦能御魂《うかのみたま》神、大物主命《おおものぬし》、火之迦具土神《ひのかぐつち》。

地元では「お稲荷さん」で親しまれ、信仰が厚い。「天正伊賀の乱」（一五八一）の戦火による焼失のためここに創始したというが、由緒等については不明である。もとは中村（三輪神社跡か）にあったのを、元禄年間に現在地に移したという。

明治四十年（一九〇七）の神社法改正に伴い、中村五百刈《ごひゃくかり》の三輪神社、瀬古口順添《じゅんぞえ》の金刀比良《ことひら》神社、同愛宕谷の愛宕神社の三社が、稲荷神社に合祀された。なお、昔

この三輪神社に蛭子《えびす》神社が祀られていたと伝わっており、その蛭子神社が名張川対岸の現在地に移されたようだ。ややこしいことには、稲荷神社の境内社は、現地案内によると祇園社、山の神社、川徳《かわとく》社であり、神社の合祀、分離の経緯はかなり複雑である。

社殿は、式年造替《ぞうたい》を二十年ごとに行っており、近年では平成十六年に造営事業があった。

ACCESS●アクセス

稲荷神社
蛭子神社から徒歩2分（Pあり）

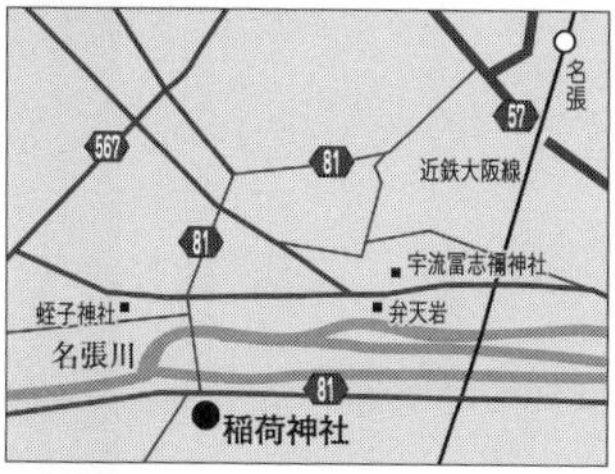

○徒歩関係図

蛭子神社 ←4分→ 宇流冨志禰神社
蛭子神社 ↓2分 稲荷神社
宇流冨志禰神社 ↓2分 弁天岩

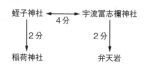

名居《ない》神社 【式内社】【村社】（三重県名張市下比奈知《ひなち》二〇九二）◎伊賀国　隠市守宮《なばりのいちもりのみや》

ここも隠市守宮《なばりのいちもりのみや》の候補地である。『延喜式』の「名居（ナヰノ）神社」。祭神は、大己貴《おおなむち》命、少彦名《すくなひこな》命、天児屋根《あめのこやね》命、市杵島姫《いちきしまひめ》命、事代主《ことしろぬし》命、蛭子《ひるこ》命、猿田彦大神。創祀年代不詳。

名居の意味については二説ある。ナイは地震の古語だとする説。もう一つは、名居をナオリとよみ「なばり」の転訛《てんか》と考えて名張の国神を祀ったとする説である。『紀』推古七年条に「夏四月《うづき》の乙未《きのとひつじ》の朔辛酉《ついたちかのととり》に、地動《なゐふ》りて舎屋《やかず》悉《ことごと》くに破《こわ》たれぬ。則ち四方に令《のりごと》して、地震《なゐ》の神を祭らしむ」とある。この勅命により諸国に地震神が祀られたとき、伊賀国ではこの地が選ばれ、土地の豪族によって創建されたとの見方が強い。

ここ比奈知の地は、古代は名張郡夏見郷に属し神宮領として竹、藤、葛などを貢進していた

ことが「儀式帳」に見られ、古くから伊勢神宮との結びつきがあった。

ACCESS●アクセス

名居神社
近鉄桔梗が丘駅から徒歩30分
名張市役所から国道691号を車で5分

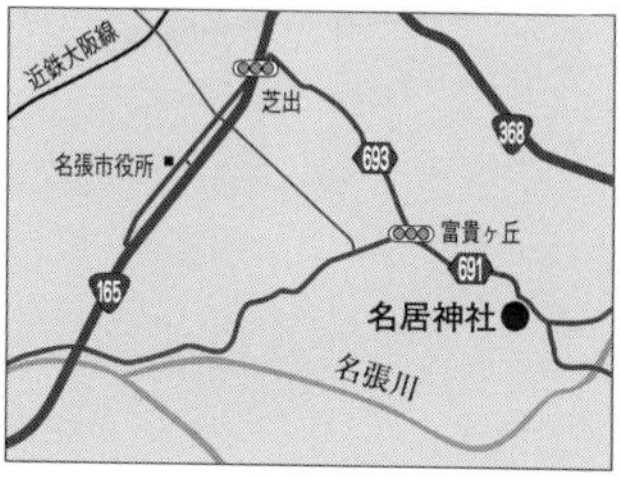

夏見廃寺

〔国史跡〕〔三重県名張市夏見二七五九〕

大海人皇子（のちの天武天皇）と大田皇女との間には、斉明七年（六六一）に生まれた大来皇女と、二歳下の大津皇子があった。天武二年、壬申の乱の勝利により、姉は神宮に仕えることとなった。これが制度上最初の斎王である。

十三年後、天武天皇の崩御後、大津皇子は二十四歳で刑死（無実の罪といわれる）した。死の直前、皇子は密かに斎宮の姉を伊勢に訪ねている。後、大来皇女は斎宮を罷免されて飛鳥へ召喚された。『薬師寺縁起』には、大来皇女が天皇のために伊賀国名張郡夏見に昌福寺を建立したとあり、これが夏見廃寺と推定されている。一説に、亡き弟を偲ぶための寺院だといわれる。

神戸《かんべ》神社 【郷社】（三重県伊賀市上神戸三一七）

◎伊賀国　穴穂宮《あなほのみや》

往古より穴穂宮と称した。もとは「神館《かんだち》ノ社」とも呼ばれていた。標柱には「皇大神宮由緒古蹟《こせき》」と書かれており、神社由緒書によれば祭神は大日霊貴《おおひるめむち》命（天照大神）、倭姫命、天児屋根《あめのこやね》命、天太玉《あめのふとだま》命、栲機千千姫《たくはたちぢひめ》命ほか十四柱の神。明治四十一年十月に近隣の三十数社を合祀し、社名を神戸神社と改めた。倭姫命はここで四年間鎮座したといい、元伊勢とも呼ばれている。

さらに「倭姫命は暗崎《くらさき》川（現在の木津川）の川上の岩鼻という所にて鮎を取り、朝神饌《あさみけ》、夕神饌《ゆうみけ》に大神様へ供進されていた」との伝

承がある。「初《は》魚《な》掛《かけ》祭」が今も続いており、毎年六月の伊勢神宮月《つき》次《なめ》祭に干鮎《ほしあゆ》千八百尾を献納している。

神宮遷宮の後にはその古材を拝領して式年造替《ぞうたい》を二十年ごとに行っており、最近では平成二十七年に行われた。

ACCESS●アクセス

神戸神社
近鉄伊賀線上林駅から徒歩25分
名阪国道（国道25号）上野東I.Cから国道422号を車で19分

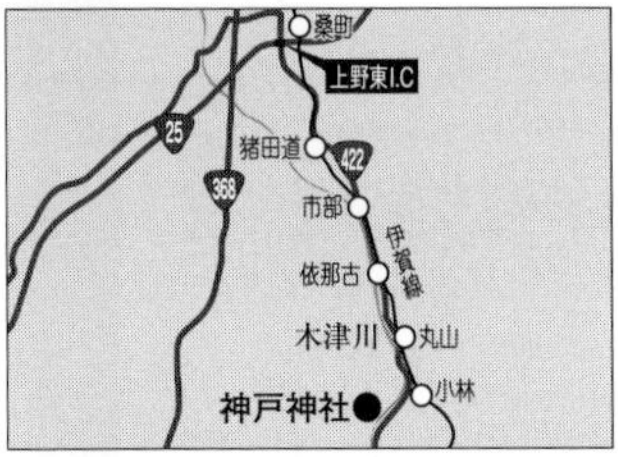

◎伊賀国　敢都《あえと》美恵宮《みえのみや》

都《つ》美《み》恵《え》神社

［式内社］［村社］（三重県伊賀市柘植《つげ》町二二八〇）

敢都美恵宮の伝承地は、この都美恵神社といわれているが、近くに同社の旧社地だと伝わる場所がある。

祭神は、栲幡千千比売《たくはたちぢひめ》命、経津主《ふつぬし》命、布津御《ふつのみ》魂《たま》命、大日孁貴《おおひるめむち》命（天照大神）、倭姫命を含む三十六柱。

式内社・穴石（アナイシ）神社だとする説もある。

神社の解説書によると、創建年代は詳《つまび》らかではないとしながらも、第三十代敏達《びたつ》天皇のとき、郷《さと》の長《おさ》が神を祀り穴石《あなし》大明神と号した。のちに第四十九代光仁天皇の勅命で社地、社殿が制定されたとする。当時は穴師谷に祀られていたが、大洪水により社殿などすべて流失。正保三年（一六四六）には現在地に遷座され、以来ここで柘植地区の産土神として奉斎されてきた。

近くに「敢都美恵宮遺跡」の石碑があるが、実際の敢都美恵宮があったのは古宮というところで、この敢都美恵宮から「都美恵」の名をとり、現社号の都美恵神社とした。また「都美恵」は、地名「柘植」の古語だという。

「敢都美恵宮遺蹟」の石碑（伊賀市柘植町）

都美恵神社の参道入口から西へ約五十メートルのところに石碑がある。「敢都美恵宮遺跡（表）」と書かれており、都美恵神社の旧社地だというが、この神社は何度も遷移を繰り返しているようである。

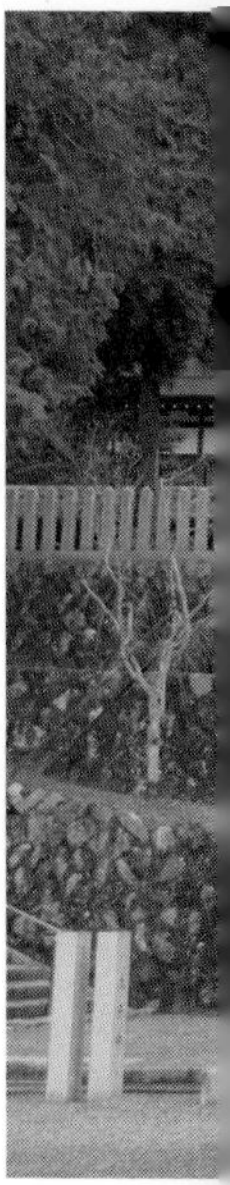

ACCESS●アクセス

「敢都美恵宮遺跡」石碑
都美恵神社より徒歩1分
（Pなし）

都美恵神社
JR関西本線柘植駅から徒歩10分
伊賀ドライブインより車で4分（Pあり）

敢國《あえくに》神社

【式内社】【国幣中社】【伊賀国一宮】（三重県伊賀市一之宮八七七）　◎伊賀国　敢都美恵宮《あえとみえのみや》

祭神は大彦《おおひこ》命を主神とし、少彦名《すくなひこな》命、金山比咩《かなやまひめ》命を配祀する。

ほかに大己貴《おおなむち》命、少彦名命、天兒屋根《あめのこやね》命、市杵島姫命、事代主命、蛭子命、猿田彦大神で、祭神については時代によって変化があるが、明治時代以降は定着している。創祀年代は、神社の由緒案内では六五八年。

伊賀国開拓の祖神を祀り、東南方に南宮山（約三五〇メートル）を負う伊賀の一之宮であり総鎮守大氏神。『延喜式』の「敢国（アヘクニノ）神社」である。主神として中央に大彦命、その右に金山比咩命、左に少彦名命を祀る形になっている。

ACCESS●アクセス

敢国神社
名阪国道（国道25号）伊賀一宮ICから車で3分（Pあり）

第四章◉甲可日雲宮

◉淡海国《おうみ》　甲可日雲宮《こうかひぐものみや》

『世記』垂仁天皇四年、淡海《おうみ》の甲可の日雲宮に移り、四年間お祭りをした。その時、淡海の国造《くにのみやつこ》は人と田を献上した。

甲可日雲宮

甲可《こうか》日雲宮《ひぐものみや》　概略

伊賀から淡海《おうみ》（近江）に入った倭姫命は、甲可日雲宮で四年を過ごした。

この宮の比定地は非常に多い。大正に出版された『甲賀郡志』には七カ所が載るが、伝承地となると、ざっと数えても十五カ所ほどある。

何故ここまで伝承地が多いのか。恐らくは倭姫命の伝承というより、のちの多くの斎王群行に関連した場所だったのではないか。群行の宿泊地つまり行宮《あんぐう》は、この甲賀では甲可、垂水《たるみ》の二カ所にあった。行宮は群行の都度建て替えられたから、長い間に街道沿いのあちこちにできたと考えられる。これらが倭姫命の伝説と重なって、新たな伝承となったのであろう。

さて自治体名の「甲賀市」は、コウガではなく、コウカである。忍者に関して伊賀、甲賀と書くので「イガ、コウガ」と読むことに慣れてしまい、ついコウガシと読んでしまう。和名抄《わみょうしょう》や六国史《りっこくし》など正史の表記では「甲賀」のほか甲可、甲加ともあり、古くは「鹿深」と書かれたがカフカ、カウカ、コウカなどと読んだようだ。

それにしても、ここから伊勢は距離的にかなり近いのに、なぜ大回りする必要があったのだろうか。

甲可日雲宮の候補地

『甲賀郡志』は日雲宮の候補地として、七カ所を挙げている。その順番通りに記す。番号と地名は『甲賀郡志』に、（ ）以下は『甲賀市史』により記した。

一　三雲村大字三雲（湖南市三雲）　神明宮
二　三雲村大字夏見（湖南市夏見）　神明社
三　雲井村大字牧（甲賀市信楽町牧）　日雲神社
四　多羅尾《たらお》村（甲賀市信楽町多羅尾）　高宮社

五　鮎河村大字鮎河（甲賀市土山町鮎河）
三上六所神社、若宮神社

六　水口《みなくち》町大字水口（甲賀市水口町水口）
日雲宮

七　大野村大字頓宮《とんぐう》（甲賀市土山町頓宮）
垂水頓宮跡

これ以外にも、候補とされる神社があるので、それも併せて記述していく。なお旧甲賀郡は石部町、甲西町（湖南市）、甲賀町、甲南町、信楽町、土山町、水口町（甲賀市）から成る。

琵琶湖、豆知識

琵琶湖の面積は約六七〇平方キロで滋賀県の六分の一を占める。湖水面の標高は八五メートル、平均深度は四一メートルで総水量は二七五億トン。

四〇〇万年前に誕生したといい、その原型は大《おお》山田《やまだ》湖と名付けられている。大雑把にいえば現在の甲賀市から名張市にかけて広がる浅い湖で、周囲の山地から流れ込んだ水に浸かる湿地のようなところであった。

土地が最も落ち込んでいた辺りの地名を取って大山田《おおやまだ》湖としたが、河川の運んだ砂礫が底に溜って埋め尽くされてしまった。そののち阿山《あやま》湖、甲賀湖という名の湖ができたが、湖が近江盆地へ移動するに及んで堅田《かただ》湖ができ、約三十数万年前になってやっと現在の琵琶湖が、ほぼ現在の位置に出来た。

ところが近年、新説が登場した。伊勢湾が移動し琵琶湖になったとする説である。（中日新聞2015.5.12）

しかし倭姫命が、現在とは全く異なった琵琶湖を見ていた可能性については薄いと言える。干拓が加えられたこと等を除けば、ほぼ現在と同じ形の湖であったからだ。

現在、琵琶湖は一級河川として管理されている。

神明宮（滋賀県湖南市三雲一〇一三）

三雲の円通山上乗《じょうじょう》寺にある神明宮である。神明宮というからには、天照大神を祀ると思われる。

臨済宗妙心寺派の上乗寺は、仁寿《にんじゅ》三年（八五三）に南禅寺仏燈国師の開山で、古くは雲野山天号寺と称したらしい。織田信長の兵火に遭って焼失したものを鮮西が中興したという。慶安元年（一六四八）観音山上乗寺と改める。以前は観音山北麓にあったが、現在地である神明宮境内に建立され、臨済宗妙心寺派円通山上乗寺としたという。

今日では小さな祠があるのみ

だが、『近江輿地志略《よちしりゃく》』によると「天照大神宮は観音山の中にある小社で、この地は昔の日雲宮である。地名の三雲は日雲の訛《なま》りだ」という。

ここで、本来であれば正確を期して「天照大神宮」を観音山の北麓にもとあった「小社」に求めなければならない。しかし今、その場所は不明であり、どれほどの規模であったかも何もわからない。また同宮に関する資料の中で倭姫命と書かれているものは、ほとんどない。

ACCESS●アクセス

神明宮
湖南市役所から県道4号と国道1号経由
車で12分

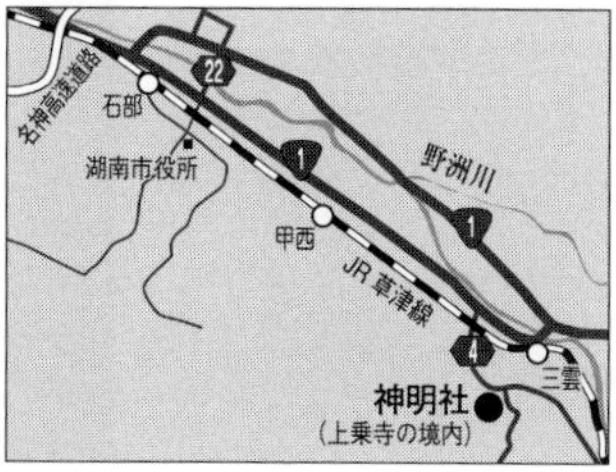

神明神社（滋賀県湖南市夏見）

◎淡海《おうみ》国　甲可《こうか》日雲宮《ひぐものみや》

この神明神社については、資料がほとんどない。『甲賀郡志』に書かれた候補の中で「三雲村大字夏見」とされているものが、この神明神社であろう。同書には神明社と書かれているが、標柱には神明神社とみえる。

　神社の名前からは、天照大神を祀っていることがうかがえる。すぐ北側には、東西方向に旧東海道の古い町並みが見られ、水口宿と石部宿のほぼ中間に位置している。ここは斎王群行の経路とほぼ重なっており、倭姫命の甲可日雲

宮ではなく、のちの斎王群行における甲可頓宮の候補地と考えるべきだろうか。

斎王群行の際の代表的なルートは、次のようである。

京→勢多→甲賀→垂水→鈴鹿→壱志→斎宮（京と斎宮に挟まれた五カ所は宿泊地である頓宮の名称）。

それぞれの間隔、歩行時間や距離間隔などから総合的に判断すると、三雲あるいは夏見あたりは、甲賀頓宮の位置ではなかったかと思われる。

ACCESS●アクセス

神明神社

JR草津線甲西駅から車で6分

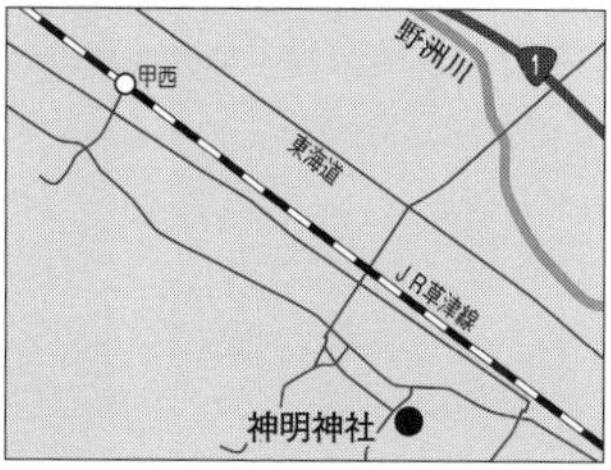

日雲神社 【村社】（滋賀県甲賀市信楽町牧七五）

◎淡海《おうみ》国　甲可《こうか》日雲宮《ひぐものみや》

祭神は天之御中主神《あめのみなかぬし》。甲可日雲宮を神社の起源としている。創立沿革等は明らかではないが、現在の本殿は元禄四年（一六九一）に再建されたもの。以前は牧、宮町、黄瀬《きのせ》の近隣三村の氏神で天神社と称したが、現在は牧のみを氏子とする。菅原道真を祀る天満宮であったが明治十八年に日雲神社と改称し、天之御中主神を祀る。鳥居をくぐり境内を拝殿に向かうと、信楽《しがらき》高原鐵道信楽線が参道を横切っている。

　境内には嘉元四年（一三〇六）と刻まれた石灯篭が立ち、毎年

九月には五穀豊穣を祈る太鼓踊りが行われる。

▲紫香楽宮《しがらきのみや》跡。「信楽宮」とも書く。天平 14 年（742）、聖武天皇はこの地に離宮を造営し当時の都・恭仁《くに》京からしばしば行幸した。翌 15 年 10 月には盧舎那《るしゃな》仏（大仏）造立の詔を発して着工する。おかげでこの地は大いに賑わったというが貴族、僧侶らの反感が高まり、遷都は立ち消えになる。現在の紫香楽宮跡に往時の面影はなく、大仏殿跡に基壇や礎石を残すのみとなっている。

ACCESS●アクセス

日雲神社

新名神高速道路　信楽ICより国道307号（一部有料区間）経由　車で10分

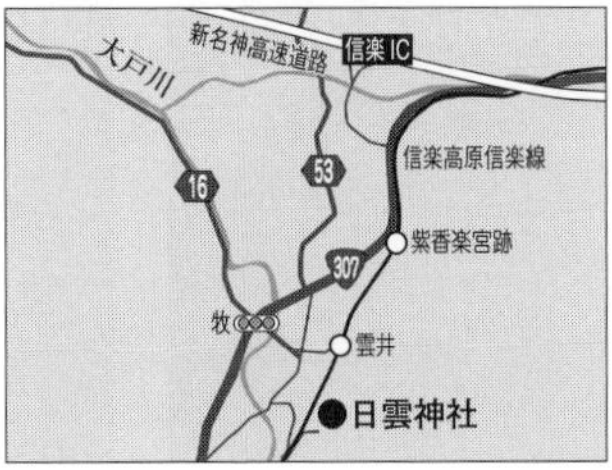

◎淡海国《おうみ》　甲可《こうか》日雲宮《ひぐものみや》

高宮《たかみや》神社［無格社］（滋賀県甲賀市信楽町多羅尾六四六）

垂仁《すいにん》天皇四年六月晦日《みそか》より四年間、倭姫命は皇大神宮をここに奉斎したと伝わる。

もともと信楽は近衛氏の荘園であった。右大臣、関白などを歴任した近衛家基の子孫・高山太郎は、嘉元《かげん》元年（一三〇三）に多羅尾《たらお》の地名を姓として、多羅尾師俊《もろとし》と名乗った。彼がこの地を領有したとき、火産《ほむすび》神と近衛家の祖先を合祀して現在に至っている。

本殿は近江八幡の大工棟梁・高木作右衛門の手になるもの。一《いっ》間《けん》社《しゃ》流造《ながれづくり》で檜皮葺《ひわだぶき》、安政六年（一八五九）の建築である。

多羅尾は近江と伊賀、伊勢、山

城を結ぶ交通の要衝。甲賀市信楽町多羅尾と三重県上野市西山町との境には御《お》斎《とき》峠《とうげ》（標高約五八〇メートル）がある。

　本能寺の変の直後、徳川家康が「神君《しんくん》伊賀越え」を行ったのがこの峠である。多羅尾側から峠に向かっていくと、順に「伊賀盆地絶景展望台」「徳川家康伊賀越の道」「弘法の井戸」などがある。展望台からの眺めは一見に値しよう。峠の名は、夢想国師に因んだものという。

ACCESS●アクセス

高宮神社
新名神高速道路信楽ICから国道307号線、県道334号線 経由、車で56分

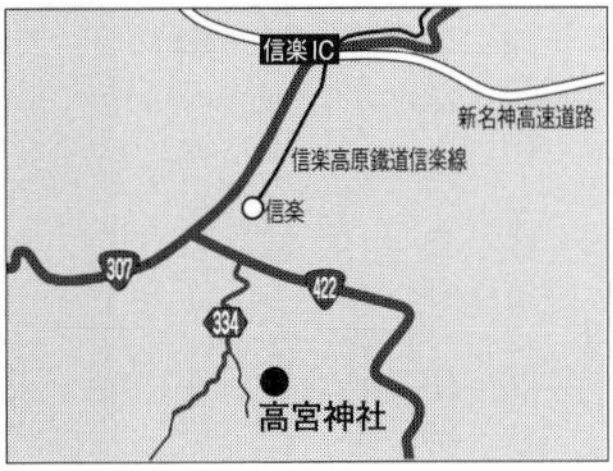

日雲山

◎淡海国《おうみ》　甲可日雲宮《こうかひぐものみや》

写真、すぐ左には三上《みかみ》六所神社があり、川の先に日雲山が見える。しかしこの山ではなく、日雲山は正面の山のはるか先にあるという人もいる。はるか先には鈴鹿山脈があり、鈴鹿峠を越えると伊勢国、そこからは伊勢湾が望めるはずである。伊勢は風光明媚にして肥沃な土地であり、かつ海産物も豊富に採れる。ヤマト王権にとっても、その地を掌握することは悲願であったに違いない。倭姫命がその伊勢の地をひかえながら、大回りをしなければならない理由とは一体何だったのかと、不思議に思う。

　この地こそ、かつて三上三郎《みかみさぶろう》が村人に請われて猛獣、毒蛇を斃《たお》した所だともいわれる。春には堤防の桜が美しい。川の名は「鯎《うぐい》川」である。

ACCESS●アクセス

写真撮影地点まで
新名神甲賀土山ICで下車し、県道9号を車で16分

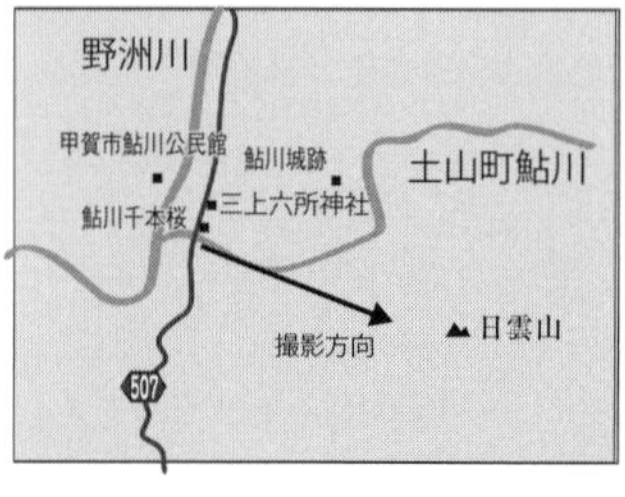

◎淡海国《おうみ》　甲可日雲宮《こうかひぐものみや》

大神宮跡地の碑

（滋賀県甲賀市土山町鮎河）

　山間部の小さな盆地の東側山沿い、三上六所神社から二〜三〇〇メートルのところに「大神宮舊《きゅう》跡地（表）」と刻まれた石碑があり、その左側には小さな祠がある。（私有地のため立入禁止である）もとの社地は、この裏手の山中にあったともいわれる。しかし裏山は、それほど大きな山ではない上に、祭祀のため、あるいは他の目的であったにせよ、頂上部分を削ったような形跡はない。

　ここを訪れて思うことだが、この狭い場所で大王家がアマテラスを祭る営みを考えられただろうか。言い換えれば、もう少し広い土地を必要としなかったか。人の集る広さに加え、祭祀の施設も必要としたことであろう。

ACCESS●アクセス

大神宮跡地の碑
新名神甲賀土山ICで下車し、県道9号を車で16分

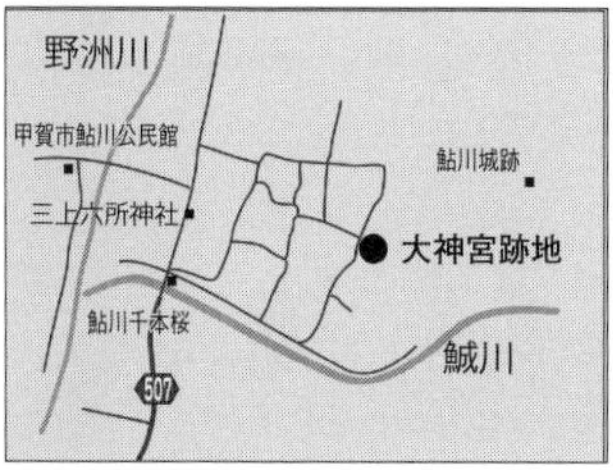

三上六所神社《みかみろくしょ》

【村社】（滋賀県甲賀市土山町鮎河六〇五）

◎淡海国《おうみ》　甲可日雲宮《こうかひぐものみや》

祭神は、天之御影神《あめのみかげ》、三上三郎公《みかみさぶろうこう》。配祀神《はいし》は元正天皇《げんしょう》、天照大御神、豊受大御神を含めて七柱。牛頭《ごず》天王社、神明社、大皇器地祖神社《おおきみきじそ》を合祀する。

鮎河の地は往古、原野であった。猛獣毒蛇の害に遭うことが多く、村人たちが悲嘆に暮れていたとき、三上三郎という犬を二匹連れた勇敢な狩人が現れて、ことごとくこれを退治した。故に同社は彼を祀るという。

鮎河は現在「あゆかわ」と読むが、地元では昔から「あいが」と親しみを込めて呼んでいる。ただ江戸時代の文書には「鮎川」と書かれたものが圧倒的に多く、昔は「あゆかわ」と呼ばれていたのではないかと思われる。

ACCESS●アクセス

三上六所神社

甲賀市土山図書館から県道9号経由、車で13分

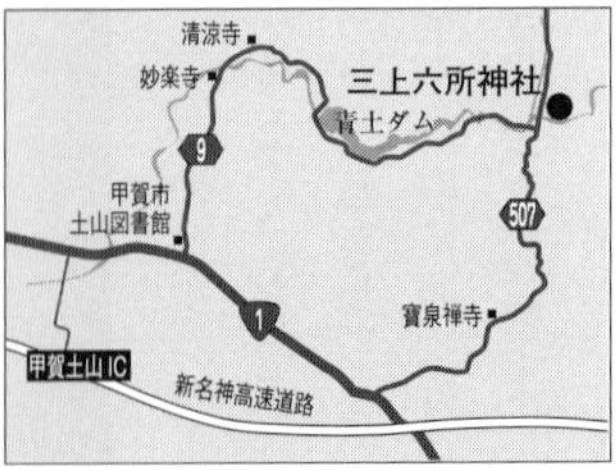

若宮神社

［村社］（滋賀県甲賀市土山町大河原一〇九〇）

◎淡海国《おうみ》　甲可日雲宮《こうかひぐものみや》

祭神は月読命。養老二年（七一八）の勧請だという。本殿の右側、境内社の一つに皇大神宮（写真）がある。前述の三上六所神社は本来ここにあったとされ、若宮神社は三上六所神社の元宮であったといわれる。

若宮神社がある「大河原」は鮎河村の北にあり、松尾川（野洲川）の源流部に位置している。近代までは林業を主たる産業としており、松尾川にイカダを流した。大河原村より伊勢国菰野《こもの》へ越える大河原越（武平《ぶへい》峠、仁正寺越、湯の山越）があり、八風《はっぷう》峠などとともに、北勢地方と日野など近江東部を結ぶ重要な峠道であった。

ACCESS●アクセス

若宮神社
三上六所神社から国道9号経由
車で5分（Pあり）

水口《みなくち》神社

【式内社】【県社】（甲賀市水口町宮の前三—十四）

◎淡海《おうみ》国　甲可日雲宮《こうかひくものみや》

祭神は大水口宿禰《おおみなくちのすくね》命であり、この地の開拓者だと伝わる。配祀神は大己貴《おおなむち》命、素盞嗚《すさのお》命、稲田姫命。

倭姫命については、天照大神を奉じて垂仁天皇四年乙未六月晦日、日雲宮に遷幸し、この地で四年、奉斎したと伝わる。昔は相当に広い神社であったようで、棟札から社殿の造営、改修が、寛文四年（一六六四）とわかるという。現在の本殿は、明治三十年の建造による。

享保十二年（一七二七）には雨乞いの返礼に山鉾《ほこ》が出た。現在十六基があり、水口曳《ひき》山祭が四月に行われる（県指定無形文化財）。また平安時代に作られた木造女神坐像は、国の重要文化財である。

ACCESS●アクセス

水口神社
甲賀市役所から徒歩2分
（Pあり）

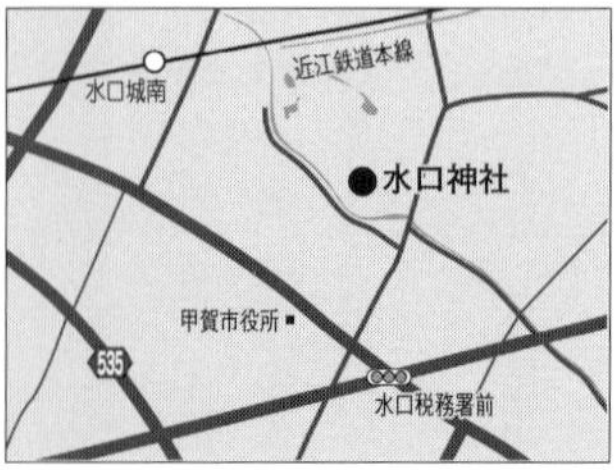

日雲宮（滋賀県甲賀市水口町神明）

◎淡海国《おうみ》　甲可日雲宮《こうかひぐものみや》

祭神は天照皇大神。江戸時代には神明社と称し、明治四年に五十《い》鈴《すず》神社、同十五年には日雲宮と改称。江戸時代の資料では祭神・倭姫命、中村氏神である。氏子は旧水口三カ村のうち中村の地区民であった。現地解説では、詳しい資料は残っていないというが、以下はその内容。

近隣からは「神明さん」と呼ばれ、本殿の箱棟《はこむね》には菊の御紋、神明鳥居を出た社前が、旧伊賀街道と旧設楽街道の分岐点。今から二千年ほど昔、垂仁《すいにん》天皇は皇女の倭姫命に天照大御神を祀る聖地……四年間淡海甲可の日雲宮に居住された云々。

往古は三町余の境内周囲に樹木が繁茂し、東南の神ノ木の地に猿田彦《さるたひこ》を祀る社があったという。

ACCESS●アクセス

日雲宮　甲賀市水口町神明
新名神、甲南IC下車、県道123号で17分
(Pなし)

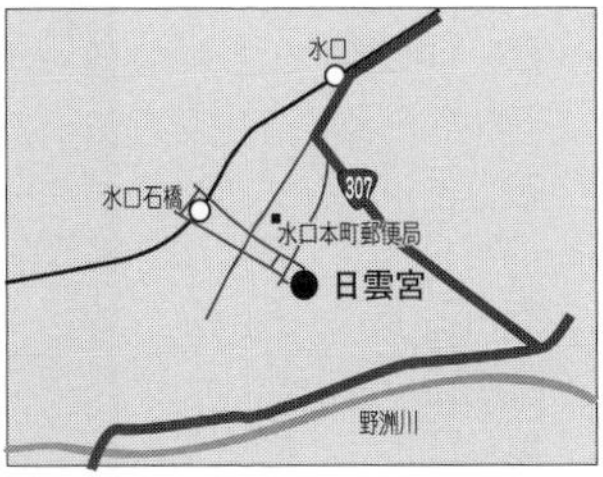

垂水斎王頓宮《とんぐう》跡

［国史跡］（甲賀市土山町頓宮）

◎淡海国《おうみ》　甲可日雲宮《こうかひくものみや》

茶畑の後方北側に位置し、東西六四メートル、南北七三メートルの方形区画を高さ一メートル余の土塁がめぐる。この区画を含む相当な広さの施設が、このあたりに存在したと推定できる。

ここは倭姫命の頓宮ではなく、のちの斎王群行のとき、甲賀頓宮の次に泊まったところである。現地解説によると「頓宮建立跡地は、平安時代の初期から鎌倉時代の中期頃まで、三百七十八年間、三十一人の斎王」が宿泊した頓宮があった。なお「現在、明確に検証されている頓宮跡地は、五カ所のうち、ただこの垂水頓宮だけ」だという。

仁和二年（八八六）六月、東海道のルートとしての倉歴《くらぶ》道（油日越《あぶらひごえ》）に代わり「阿須波《あすわ》道」が開通。これに伴って設置されたのが、この頓宮である。

ACCESS●アクセス

垂水斎王頓宮跡
甲賀市土山図書館から県道9号経由
車で13分（Pなし）

日雲神社
（甲賀市土山町頓宮）

◎淡海国《おうみ》　甲可日雲宮《こうかひぐものみや》

垂水斎王頓宮跡の裏手には日雲神社があり、これが日雲宮ではないかといわれるが、資料も伝承もないようである。

写真の鳥居は向かって左側が欠けている。二〇一四年撮影のものだが、今は新しい鳥居がある。こういう写真も貴重かと思い、掲載した。額には「日雲神社」と書かれている。

次のような考え方はできないだろうか。

この日雲神社は、歴代の斎王がここを通行、宿泊するとき、前頁の「垂水斎王頓宮跡」が倭姫命と何らかの縁があるものだと考え、いわば自分たちの偉大な先輩だった倭姫命に敬意を表して祭ったものである、と。

ACCESS●アクセス

日雲神社
垂水斎王頓宮跡から　徒歩約1分
瀧樹神社より徒歩約11分（Pなし）

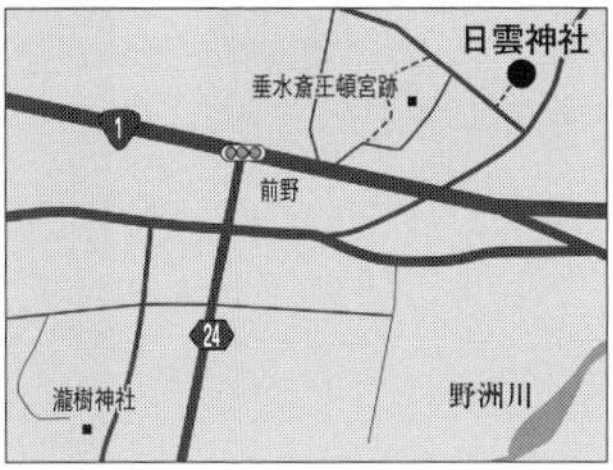

川田《かわた》神社

淡海・甲可日雲宮の場所については、これまで挙げてきたほかにも候補地がある。川田神社もそうである。『延喜式』には「川田（カハタノ）神社二座」とある。甲賀市内には川田神社が三社あるが、いずれのことであるか決めがたい。

川田神社1　〔式内社〕〔県社〕（甲賀市土山町頓宮七六九）

祭神は倭姫命。倭姫命が日雲宮に四年間奉斎した後、坂田宮に遷る際に残した玉串を祀り、天照大神として崇めた。また倭姫命を別宮に祀った。これがのちの東西・川田神社で、東の宮は前野の瀧樹《たき》神社をさし、西の宮はこの神社だとされる。但し、現在東西・川田神社と呼称することがあるかは疑問。倭姫命が禊《みそぎ》をした白川の名称により、川田神社とされたという。

別の由緒として、高安大明神と呼ばれていたところ、伊勢国の滝原大神を勧請し、川田神社滝大明神と称したともいう。

川田神社2　［式内社］［村社］（湖南市正福寺一二二九）

祭神は天兒屋根命。式内社甲賀郡八座の一つで名神《みょうじん》大社の川田神社に比定する説がある。貞観元年（八五九）の創始と伝わり、本殿は慶長五年（一六〇〇）の建造である。

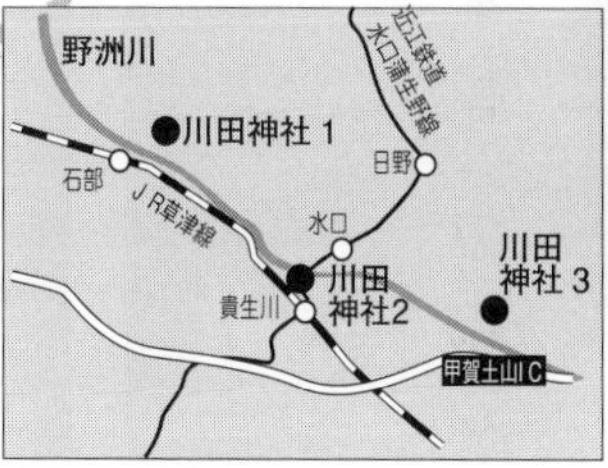

ACCESS●アクセス

川田神社
①新名神・甲賀土山ICから県道24号経由 4分
②名神・栗東湖南IC下車　栗東水口道路、国道1号経由 8分
③新名神・甲南ICから国道307号経由 14分

川田神社3　［式内社］［県社］（甲賀市水口町北内貴四九〇）

祭神は、天湯川桁《あまのゆかわたな》命（鳥取連の祖）、天《あめの》川田奈《かわたな》命。

配祀神は天兒屋根《あめのこやね》命、大己貴《おおなむち》命。

長享元年（一四八七）将軍足利氏が甲可に隠れた六角高頼を攻めたとき、兵火を被り灰燼《かいじん》に帰した。

創建は垂仁天皇のころとの伝承があるものの、倭姫命との関係は不明。

瀧《た》樹《き》神社

【郷社】（滋賀県甲賀市土山町前野一五五）

◎淡海《おうみ》国　甲可《こうか》日雲宮《ひぐものみや》

祭神は、速秋津日子《はやあきつひこ》命、大山祇《おおやまつみ》命、妹秋津比売《いもあきつひめ》命。

倭姫命が甲可日雲宮に遷ったとき、甲可の翁が毎日この宮に詣り、倭姫命の教えに従って朝夕の御饌を差し出すために、建物を建てた。その地をのちに「御饌田」と称し、約して「饌田」といった。応永二十一年（一四一四）社前に大きな楓樹《かえで》があったので、樹の一字を添え、瀧樹大明神と改号したという。それ故例祭には楓の枝を用いることが慣例となった。

本殿は南面しており、その南には野洲《やす》川が流れている。これを古くは「白川」と呼び、倭姫命がここで禊をしたと伝わる。また、垂水斎王頓宮にて宿泊した歴代の斎王が、ここで禊をしたとも考えられる。

ACCESS●アクセス

瀧樹神社
垂水斎王頓宮址より徒歩10分

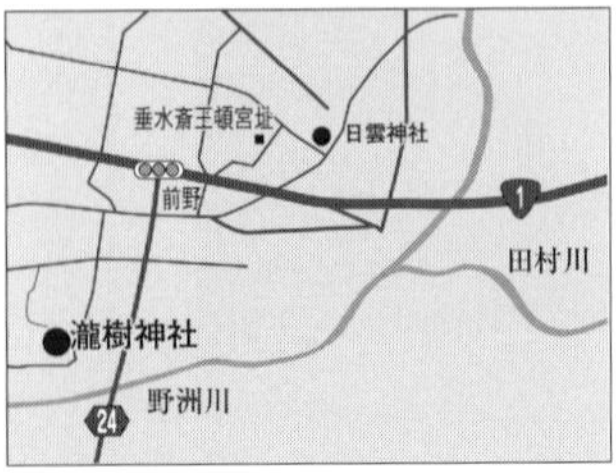

田村神社

【県社】（滋賀県甲賀市土山町北土山四六九）

◎淡海《おうみ》国　甲可《こうか》日雲宮《ひぐものみや》

祭神は三神あり、うち二神の坂上田村麻呂《さかのうえのたむらまろ》公、嵯峨《さが》天皇に異論はないが、三神目を倭姫命（『近江輿地志略《おうみよちしりゃく》』『甲賀郡志』）とするものと鈴鹿御前（『東海道名所図会』）とするものがある。

『近江輿地志略』によると、甲賀翁が倭姫命を祀ったのが始まりで、垂仁天皇四十五年という。また『滋賀県神社誌』によれば、倭姫命が天照皇大神を甲可日雲宮に祀り、高座大明神と称したのが創建であるとする。武家の崇敬が篤かったが、のちに兵火に遭い江戸時代に復興された。

坂上田村麻呂は、延暦十六年（七九七）に征夷大将軍に任じられており、近江、伊勢国境の鈴鹿山道の悪鬼を討伐したとの伝承もある。征夷大将軍とは、もともとは陸奥《むつ》の蝦夷征討のため、朝廷が臨時に派遣する軍隊の総指揮官を意味した。

ACCESS●アクセス

田村神社
甲賀市土山図書館から国道1号経由
車で17分（Pあり）

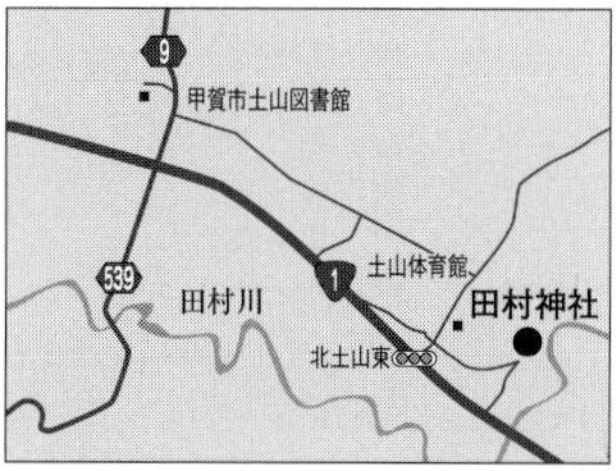

神明造における千木《ちぎ》、鰹木《かつおぎ》の違い

内宮・外宮とも様式、大きさなど等しいといわれており「唯一神明造」という古代の高床式倉庫の様式を伝えるものである。しかし細部には違いがある。内宮の千木《ちぎ》は内削《うちそぎ》、鰹《かつ》木《おぎ》は十本。外宮の千木は外削、鰹木は九本である。また釘を一本も使わずなどとよくいわれるが、装飾を留めるなど、釘は使われている。

千木

社殿の屋上、破風の先端が延びて交叉した二本の木で、内削ぎ（写真＝上）、外削ぎ（下）が区別される。内削ぎは破風先端上部が切れており女神、外削ぎは逆に破風先端左右が切れていて男神をあらわす。これはあくまでも基本であり、例外も多い。

鰹木

堅魚木、勝男木、葛緒木とも書き、単に「かつお」ともいう。棟木の上に横たえ並べた装飾の木。古くは屋根を押さえる重しの役目を果たした。一般的には女神は偶数、男神は奇数の鰹木が乗るとされている。千木同様に例外も多い。

▲内宮の千木《ちぎ》は内削《うちそぎ》（写真上）外宮は外削である。なお、写真は別の神社のもの

第五章◎近江から美濃、尾張へ

◎淡海国《おうみ》　坂田宮《さかたのみや》

『世記』垂仁天皇八年、淡海（近江《おうみ》）国の坂田宮に移り、二年間お祭りをした。その時、坂田君らは田を献上した。

『儀式帳』（原文）次淡海坂田宮坐只。

◎美濃国　伊久良河宮《いくらがわのみや》

『世記』垂仁天皇十年、美濃国の伊久良河宮に移り、四年間お祭りをした。

『儀式帳』次美濃伊久良賀宮坐只。

◎尾張国　中嶋宮《なかじまのみや》

『世記』次に尾張国の中嶋宮に移り、倭姫命は国褒《ほ》めの儀式を行った。その時、美濃の国造ら、舎人の市主は田を献上し、併せて船一隻を献上した。美濃の県主もまた船二隻を献上した。

（中嶋宮の名称は、中島という地名から来ている。平成の合併以前には、中島郡が存在した。酒見神社には様々な伝承がある。一宮市萩原町の中嶋宮と「聖蹟日本武尊倭媛命」石碑は地名からきたものか）

◎淡海国　坂田宮《さかたのみや》

坂田神明宮［県社］（滋賀県米原市宇賀野八三五―二）

祭神は、天照皇大神、豊受毘売《とようけびめ》命。内宮・外宮の二社神明造である。末社に七所宮（内宮の別宮）、四所宮（外宮の別宮）及び倭姫命を祀る社と旧社殿がある。

本殿は向かって右に内宮としての坂田宮を置いて天照皇大神宮を、向かって左に外宮としての岡神社を置き、豊受皇大神を祀る。千木《ちぎ》をみると内宮は内削《うちそ》ぎ、外宮は外削《そとそ》ぎで、鰹木《かつおぎ》の偶数、奇数についても伊勢神宮の内宮・外宮と対応する。

拝殿と本殿間（ともに南面する）の左側には、明治二十七年まで本殿だった旧社殿がある。すなわち旧社殿は東面していたことになる。その南側には現在、倭姫社があり倭姫命を祀る。

外宮の岡神社は式内社だが、内宮の坂田宮は式内社ではない。岡神社について、同社の社伝によると、第六代孝安天皇の御世（紀元前四世紀相当と括弧書きされている）に宇賀野魂《うかのみたま》命が降臨され五穀豊《ごこくほう》穣《じょう》を守護されたことに始まり、この地を宇賀野と呼ぶのはそのためとある。また、のち宇賀野魂命と同性格の五穀の神・豊受毘売命を祭神としたという。

『近江輿地志略《よちしりゃく》』によると「垂仁《すいにん》天皇八年己亥《つちのとい》七月七日より翌年九年までここに斎《いつ》き奉る」とみえ、その後、社もなく荒廃していたのを享保十八癸丑《みずのとうし》年（一七三三）、彦根城主である井伊氏が社を建てて再興した、とある。

坂田の御厨《みくりや》（内宮）があった。

ACCESS●アクセス

坂田神明宮
JR坂田駅から徒歩1分
JR米原駅から国道8号を車で9分（Pあり）

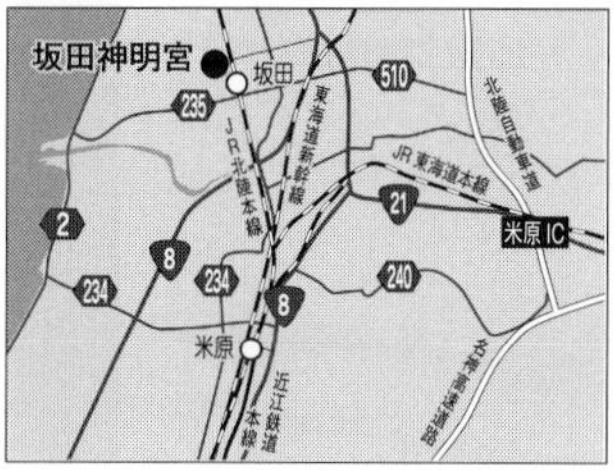

千福《せんぷく》神社〔滋賀県米原市高番一二四〕

倭姫命がしばし留まったとの伝承がある。それが高番にある千福神社である。

本社祭神は、天《あめの》兒《こ》屋《や》根《ね》命、素《す》盞《さ》嗚《の》呼《お》尊、応神天皇、菅原《すがわらの》道真公《みちざねこう》。支社には、稲荷大明神、大《おお》気《げ》津《つ》媛命、秋葉大明神、火産霊《かぐつち》神を祀る。

現地解説によると「古くは大梵《だいぼん》天王社、のち牛頭《ごず》天王社、八幡神社と称したが、昭和十八年境内一帯の地名をとり、千福神社と改められた」とある。

『近江輿地志略《おうみよちしりゃく》』では「昔天照大神宮しばらく鎮座の地な

り」という。

　所在地の高番については「倭姫命が神鏡を奉じてしばらくこの地に留まったことから高座《たかみくら》の意により高番の地名が生まれた」といい、さらに「中世荘園の頃、大原重綱《しげつな》が社殿を修造。明治二十九年弥高《やたか》川決壊によって拝殿等が流失、昭和九年に拝殿及び玉垣が再建され」今日に至っている。

ACCESS●アクセス

千福神社
JR近江長岡駅から県道224号と県道551号、国道365号経由　車で8分（Pあり）

◎美濃国　伊久良河宮《いくらがわのみや》

天神神社【郷社】（岐阜県瑞穂市居倉中屋敷七八一）

明治二年の居倉村差出明細帳には祭神について「高皇産霊神《たかみむすひ》、神皇産霊神《かんむすひ》、少彦名命《すくなひこな》　一社」とし、三つの末社には「天照皇太神宮《あまてらすこうたいじんぐう》　一社」「豊受太《とようけだい》神宮《じんぐう》　一社」「倭姫命　一社」と記される。更に「御鎮座御舟代石《ごちんざみふねしろいし》二つ、尚、伊久良川宮と申し伝へ候」とあった。

御舟代石とは一対の岩座《いわくら》のことで、向かって右が天照大神、左が倭姫命を祀るとされている。

戦国時代、美濃国の守護大名が清和源氏の流れを汲む土岐《とき》氏であったときは、源氏の氏神を祀るとして所領に八幡宮を祀り、斎藤氏が美濃国を領してからは、天神宮を祀ったという。流れ造りの本殿は元禄十三年（一七〇〇）

のものが現存している。

また、江戸時代には天神神社の北側に伊久良川が流れ、犀川《さいがわ》に注いでいた。犀川は斉川《せいがわ》ともいったようである。

嘉永《かえい》二年（一八四九）、熱病が流行ったとき境内禁足地から銅鏡が出土した。千四百年余り前の神獣文鏡の一部分である。宮司が手厚く祀ったところ病気は終息した。この話は川口半平著『ほりだした鏡』（民話）に詳しく書かれている。

神社入口に「史蹟伊久良河宮跡」と刻まれた石碑がある。

ACCESS●アクセス

天神神社
瑞穂市役所から車で8分（Pあり）

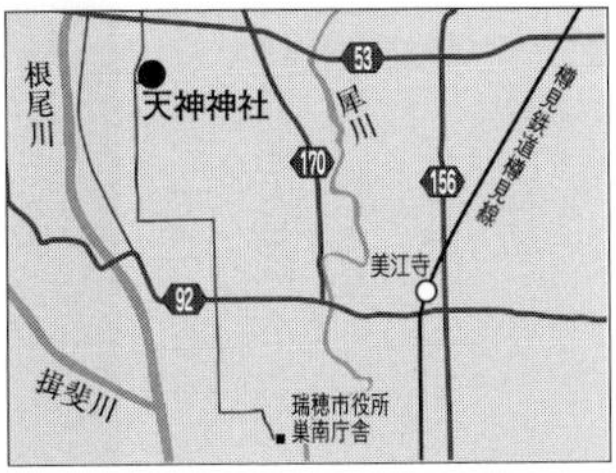

名《な》木《ぎ》林《ばやし》神社

【郷社】（岐阜県安八郡安八町大森一四七九―一）

のちに倭姫命は尾張国から伊勢国へ船で向かうが、その船を造った場所だという伝承がある。祭神は天照大神。

もとの社地は少し南のほうだったと伝わる。旧名森村一村の神社で俗に藤の宮という。名木林の「木」と「林」を組み合わせて「森」とし、名森となり現在の大森の地名になったという。現在は標柱に郷社と刻まれている。

写真右手には長良川の右岸堤防がみえ、典型的な濃尾平野の水郷風景である。往古は近くまで海（伊勢湾）が迫っており、木曾三川は幾筋にも分流して、現在の濃尾平野とは全く異なる様相であった。木曾三川の流路がさまざまに変化したため、当時を偲ぶことは難しい。

ACCESS●アクセス

名木林神社
岐阜羽島駅から県道18号　車で6分

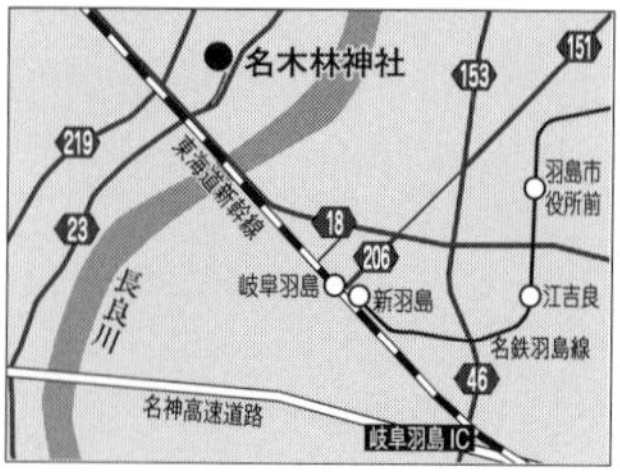

宇《う》波《ば》刀《と》神社

〔式内社〕〔郷社〕（岐阜県安八郡安八町三七三一‐一〇）

◎美濃国　伊《い》久《く》良《ら》河《がわの》宮《みや》

祭神は、天照大神、豊受大神、一言倭姫命、気《け》津《つ》御《み》子《こ》神。

垂仁天皇のころの創建だという。社号を伊勢大神宮、あるいは内宮といい、伊久良河宮ともいう。また地元では元伊勢とも呼ばれている。

垂仁天皇の御代、倭姫命が天照大神を奉じて美濃国に移り、四年間滞留したのち尾張国に移ったという。つまりここが伊久良河宮だとの主張である。社地は河川改修により少なくとも三回は移転している。

古棟札が四枚あるが、一枚は宇波刀神社、その肩書に伊久良河宮とある。別の一枚には、中央に宇波刀神社内宮、肩書に伊久良河宮とある。

ACCESS●アクセス

宇波刀神社
JR岐阜羽島駅、名鉄新羽島駅から県道23号を車で9分

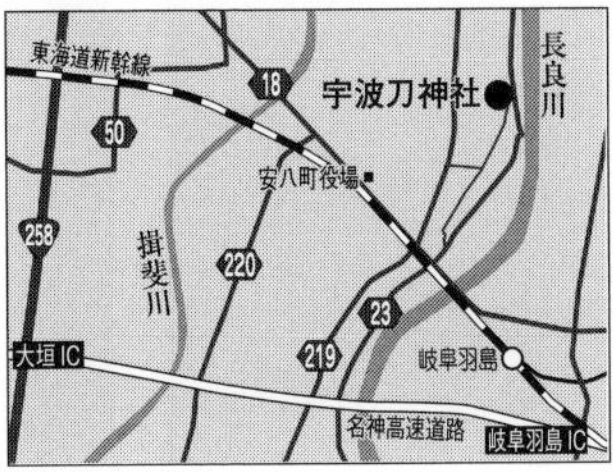

酒見神社《さかみ》 【式内社】【県社】（愛知県一宮市今伊勢町本神戸宮山一四七六） ◎尾張国 中嶋宮《なかじまのみや》

明治三十九年に神戸村と馬寄《うまよせ》村が合併して今伊勢村が発足したが、この地名は、神宮のゆかりから名付けられたともいう。

本殿は、尾張地方には珍しく北向き（真北約二十度東寄り）であり、伊勢神宮を遥拝する。

祭神は、天照皇大御神《あまてらしますすめおおかみ》、倭姫命、酒弥豆男《さかみずお》命、酒弥豆女《め》命。神社由緒では「…倭姫命が勅命を負い、…垂仁天皇の十四年（紀元六四《マ》六《マ》年）六月一日尾張の神戸《かんべ》である当村に滞在の際、村民の奉仕により社が建設されたのが酒見神社の始めである」という。

近くには、車塚（目久井《むくい》）古墳を

主墳とする今伊勢古墳群がある。また明治の始めには木船が掘り出されており、楠の木の大木を刳り貫いた船であったという。清酒の醸造はここ酒見神社が最初で九世紀中頃のことという。それ以前は酒といえば「どぶろく」であった。

酒見御厨（外宮）があった。

今伊勢町のほかにも、旧中島郡内には神宮領、神田及び御厨といった伊勢神宮の支配下に置かれた地が散在するが、これは後世の有様であって、倭姫命と結びつけるのは牽強付会というべきであろう。

ただし神宮領があったことも事実であり、何かを推し量ることができるとの考えから、神宮領がある場合は、できるだけ記すようにした。

ACCESS●アクセス

酒見神社
名鉄今伊勢駅から徒歩10分
名鉄一宮駅から県道190号を車で11分
(Pあり)

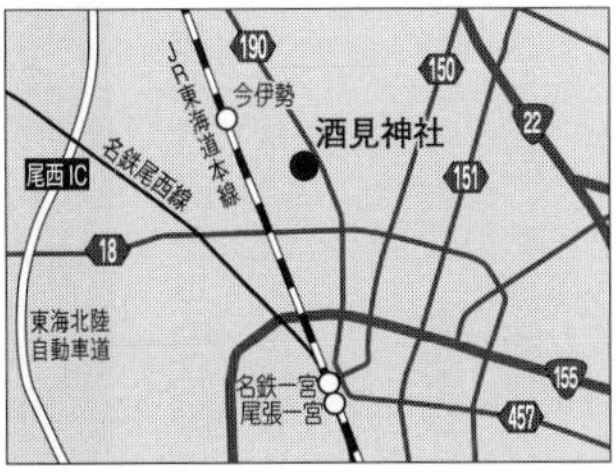

濱神明社（愛知県一宮市桜一―十六）

◎尾張国　中嶋宮《なかじまのみや》

祭神は、中央に皇太神宮として天照大神を、向かって右に愛宕社《あたごしゃ》として訶遇突智《かぐつち》神を、そして向かって左には天神社として菅原道真を祀る。

社地には「神明渡　御古志加計岩（御こしかけ岩）」「船繋松」と木の板に書かれた表示があり、やや大きな岩に標縄《しめなわ》が張られている。その向かって左には石柱があり、次のように刻まれている。「御古志加計《こしかけ》岩（表）」「人皇第十代崇神《すじん》天皇皇女豊鍬入姫命は大和笠縫《かさぬい》の邑《むら》より神器を奉じて當（当）所に駐輦《ちゅうれん》に成りたる跡と言ひ傳（伝）ふ」。なお、貴船小学校付近（直線距離で約五〇〇メートル）にあった御船山も同様の遺蹟と伝わっており、御船繋松があったという。

ACCESS●アクセス

濱神明社
JR尾張一宮駅より県道457号経由
車で6分

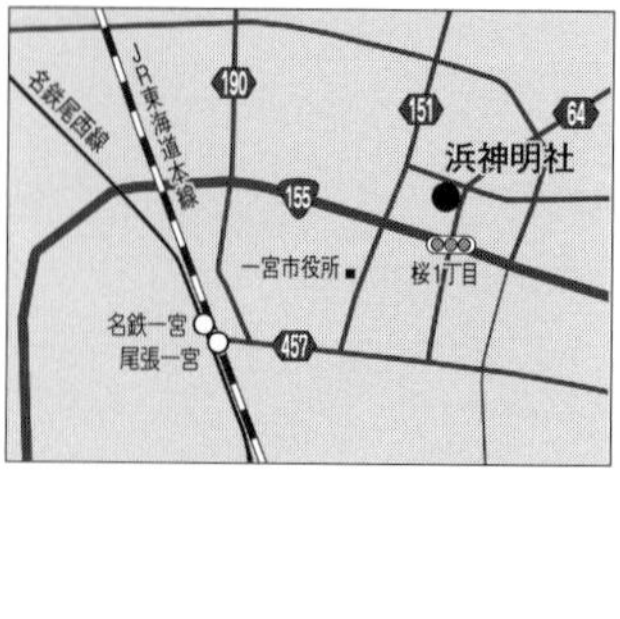

坂手神社　［式内社］［県社］（一宮市佐千原宮東九一）

『延喜式』の「坂手神社《さかてのじんじゃ》」。祭神は高水上神《おおみなかみのかみ》。創建時期は不明。

昔は坂手原天神と呼ばれたようで、江戸中期には八剣宮あるいは八剣社と称したという記録がある。

古文書には「佐手原村」「佐手原郷」とみえる。佐千原は佐手原がなまったものだという。

「聖蹟 日本武尊倭媛命」石碑、神明社

［村社］（一宮市北方町中島字西郷）

神明社なので天照大神を祀ると思われる。神社入口、道に面して石碑があり「聖蹟日本武尊倭媛命」と刻まれている。地名の中島から倭姫命が連想されたものか。石碑の裏面には、倭姫命がヤマトタケルとともに各地を平定したとの伝承が刻まれている。

正面「聖蹟日本武尊倭媛命」。

右面・建立者（二名・四文字、五文字）、施工者（八文字）。

左面「皇紀紀元二千六百四十七年昭和六十二年八月吉日建之」

裏面・本文のみで三六三文字。

◎尾張国　中嶋宮《なかじまのみや》

中嶋宮［郷社］（愛知県一宮市萩原《はぎわら》町中島丸宮三三）石碑は（中島森下一六七六）

もと中嶋宮があったこの石碑の所在地は「萩原町中島字丸宮」で、もと神明社、俗に丸宮神明社があった。祭神は天照大神で、古くから倭姫命の中嶋宮と伝わっている。

写真左後方の森が、現在の中嶋宮である。この社は大正七年二月に、他の五社と共に隣接地の八剱社に合祀された。氏子は倭姫命の伝承を残すべく、昭和三十九年十二月三日付で八剱社を「中嶋宮」と変更した。旧神明社の東南七〇〇

メートルのところに「島崎」という地名がある。同じく西南三〇〇メートルの光堂川沿いに「斎宮司」の地名がかつてあり、その隣に「伊勢田」の地名がある。

倭姫命は島崎から伊勢国へ船出したという。このとき長さ一メートルもある白張提灯を点けて倭姫命を送ったといい、これを記念して現在でも献灯されているという。

ACCESS●アクセス

中嶋宮
名鉄名古屋本線島氏永駅から県道14号線経由　車で9分

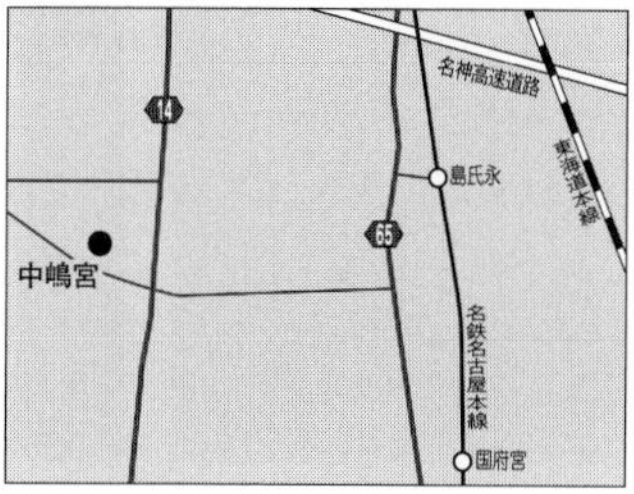

◎尾張国　中嶋宮《なかじまのみや》

御園《みその》神明社〔村社〕（愛知県清須市一場御園七三四）

祭神は、天照大神、倭姫命。

標柱に「伊勢神宮傳承地中嶋宮（表）」「昭和四十六年三月寄贈（裏）」とある。

現地の由緒書では「垂仁天皇の十六年、倭姫命」とみえる。

宝永四年（一七〇七）、国学者の天野信景《さだかげ》が『惣社《そうじゃ》参詣記』に「中島宮」と記して以来、中島宮と称していて、御園神明は俗称であった。「御園」は伊勢神宮領としての清須御厨《きよすのみくりや》に由来し、その御厨内に天照大神を勧請したとされている。現在は御園神明社、通称・中嶋宮《なかしまぐう》である。

一説には、織田信長が清洲築城にあたり、ここに御園があったことを考えて中嶋宮と称したという。

『尾張名所図会』は、祭神を天照皇大神、また天手力雄命《あめのたぢからお》、栲幡千千姫命《たくはたちぢひめ》を配祀するといい「尾張国中島の宮に三箇月居給ひし」という。

清洲城があった頃、五條（条）川はこの神社の東で東西二手に分れ、城を囲んでいた。西の流れは神社の南に接していたという。

中嶋宮とされる場所が、広大な旧中島郡の中ではなく、旧西春日井郡にある。

「御園」とは、皇族や神社の所領で「果実・野菜などを貢進する土地。みくりや」（広辞苑）としている。伊勢神宮に関しては、御厨《みくりや》、神戸《かんべ》、神領《しんりょう》、などの意味が似通った言葉に出会うことが多い。

ACCESS●アクセス

御園神明社
JR東海道線清洲駅から徒歩12分
名古屋高速16号一宮線　清須東ICから国道302号と県道190号を車で13分（Pなし）

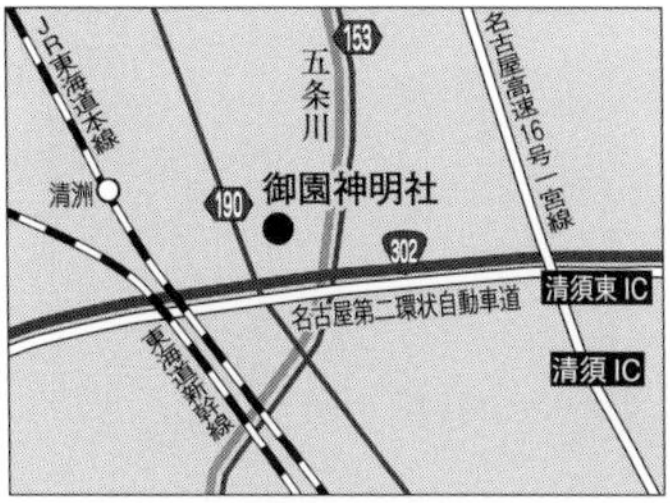

斎王

斎王

斎王は伊勢神宮の天照大神に仕える女性で「さいおう」または「いつきのひめみこ」と読む。斎王の起源は豊鍬入姫命もしくは倭姫命に求められる。制度的に整備されたのは天武天皇以降である。斎王の制度は「延喜式」斎宮寮に詳しい。

斎宮

斎王は斎宮とも呼ばれる。「さいくう」あるいは「いつきのみや」と訓むが、伊勢地方においては「さいくう」とよぶ。もともとは斎王の住むところを指した。居所である斎宮は、伊勢神宮から十キロ以上離れており、そこには最盛期で約五百人以上の関係者が住んだという。

内宮・外宮にはそれぞれ年に三回行くのみで、その職責を果たしたという。

本書で斎王について語る場合、主として平安時代、鎌倉時代のこととする。それ以外の場合には断りまたは説明を入れる。

三種類の斎王

斎王は三人いた。「斎王」「斎院」「斎女」である。「斎王」は本書で取り上げる伊勢神宮に仕える女性、「斎院」は賀茂神社に仕える女性、そして「斎女」は藤原氏が春日大社に置いた女性を指す。

最年少と最年長

斎王は卜《ぼく》（卜定）によって決められる。では斎王の年齢はどうであっただろうか。最年少と最年長をみることで概略がつかめる。最年少は卜定時に二歳（高倉天皇のとき）だった功子《いさこ》内親王。最年長は卜定時に二十九歳（後堀河天皇の治世）だった利子《としこ》内親王。これはあくまでも卜定時の年齢で、そこからの任期はまちまちである。最長の任期は柔子《やすこ》内親王（醍醐天皇の治世）で足かけ三十四年である。

斎宮跡

斎宮には斎王の御所や、その事務を取り扱う役所があった。役所は斎宮寮と呼ばれ、最盛期には約百人の官人と六百人の従事者で構成されていたという。東西約二キロ、南北約七〇〇メートル、面積一三七ヘクタールに及んだ。昭和五十四年三月、国指定史跡となった。

現代に見る斎王群行の祭り

斎王群行を再現する企画は各地にある。三重県多気郡明和町で六月上旬に。滋賀県甲賀市土山では三月の彼岸の頃。三重県伊賀市では秋に行われる——など。また毎年五月十五日に行われる京都の葵《あおい》祭は、斎王代（一般女性が選ばれるのでこう呼ぶ）が主役である。これは伊勢の斎王ではなく、賀茂の斎王代である。

「齋王宮阯」石碑

斎宮から外宮までは直線距離で約十一キロ、徒歩では約二時間半かかる。また外宮から内宮までは約五キロ、徒歩で約一時間である。

斎宮歴史博物館

斎宮跡の調査、保護を目的とした博物館で平成元年、明和町に開館した。斎宮の歴史と発掘成果を紹介する博物館でもある。

離宮院

（三重県伊勢市小俣町本町一四四六ー一）

斎王が斎宮から内宮・外宮に赴く際、宿泊施設とされたのが離宮院である。当初、宮川よりも南方、内宮・外宮の近くに置かれていたが、九世紀になって神宮から遠ざかるかのように、現在の跡地に移転した。

斎宮が火災に遭った時には、斎王の住まいとして、離宮院が斎宮の役割を果たしたこともある。

斎王尾野湊《おののみなと》御禊場《おんみそぎば》阯《あと》

（三重県多気郡明和町大淀甲）

斎王は内宮・外宮にはそれぞれ年に三回しか行かない。その三回とは、六月（月次《つきなめ》祭）、九月（神嘗《かんなめ》祭）、十二月（月次祭）である。この中でも神嘗祭が最も重要で、そのために八月の最終日には、小野湊にある禊所まで出かけていき、禊を行うことになっていた。

現地の案内には「江戸時代この浜辺に回船問屋の倉が建ち夷《えびす》社を祀った。この社の前には垢離《こり》場（みそぎ場）があった」と書かれている。

斎王群行

奈良時代には大和―伊賀―伊勢の官道を、平安時代には山城―近江―伊賀―伊勢のコースをとり、行路の途中、河川において禊を行った。

仁和二年（八八六）の繁子《しげこ》内親王の群行以降は平安京から五泊六日で伊勢に到着した。宿泊場所は瀬田、甲可《こうか》、垂水、鈴鹿及び一志で「頓宮《とんぐう》」と呼ぶが、常設の施設ではなく群行の度に建てられた。例えば甲可や垂水では、あちこちに建てられたことと倭姫命とが結びつき、甲可日雲宮の候補地が多い。

斎王の退下《たいげ》

斎王はいつ解任されるか。天皇の代替わりになされるのを原則とするが、近親の喪、本人の病や事故によることもあった。『延喜式』斎宮寮には「京ニ還ル」と書かれている。その経路を一般に帰京路と呼ぶが、一志、川口、阿保《あぼ》、都介《つげ》、相良（相楽）、河陽宮《かようきゅう》、そして難波津にて禊を行い平安京に向かう。

伝説時代の斎王（九人）

『紀』によれば、天皇が皇女に命じて天照大神に仕えさせるのは崇神に始まり、断続的ではあるが天武までである。天武朝の大来皇女《おおくのひめみこ》は斎王制度が確立された最初の斎王のため、記さない。

崇神天皇　豊鍬入姫《とよすきいりひめ》
垂仁天皇　倭姫
景行天皇　五百野《いおの》
仲哀天皇　伊和志真《いわしま》
雄略天皇、稚足姫《わかたらしひめ》（栲幡《たくはた》）
継体天皇、荳角《ささげ》
欽明天皇、磐隈《いわくま》
敏達天皇、菟道《うじ》
用明天皇、酢香手姫《すかてひめ》

頓宮《とんぐう》での斎王は、宿泊とともに禊斎《けっさい》を行ったが、大きな河を渡る際などには、やはり禊《みそぎ》を行ったであろう。倭姫命の伝承地には、河川が多く見られる。

名張川

三重、奈良県境の三峰《みうね》山を源とする。奈良県の宇陀郡御杖村を流れる神末《こうずえ》川が、三重県一志《いちし》郡美杉村太郎生《たろお》へ入ったところで名張川と名を変える。

川の名は名張市内を流れることによる。木津川に合流し、淀川となって大阪湾に注ぐ。流長三六・五キロ。

鈴鹿川

八十瀬《やそせ》川、甲斐川、関川、高岡川などの別称がある。鈴鹿郡関町北西部、鈴鹿峠付近に源を発し亀山市、鈴鹿市を経て四日市市の南端、旧楠《くす》町で伊勢湾に注ぐ。

川の名は、壬申《じんしん》の乱の際、大海人皇子が川を鹿に乗って渡ったところ、鹿が駅路鈴《えきろのすず》を付けていたことによるという。近世には並走して東海道が整備される。

櫛田《くしだ》川

三重、奈良両県境の台高山脈北部を水源とし、東流して松坂市北東部で伊勢湾に注ぐ。流路延長は八五キロで、南伊勢では宮川に次ぐもの。櫛田川の名称は、倭姫命が櫛を落とした伝説による。下流の一部では磯部川とも呼ばれている。

雲出《くもず》川

三重、奈良両県境にある高見山地の三峰山《みうねやま》（一、二三五・四メートル）付近に源を発し、北東流して津市香良洲《からす》町で伊勢湾に注ぐ。

流路延長五五キロ。流域面積五五〇平方キロ。雲津川とも書き、雲宇途《くもうず》川とも呼んだ。『続日本紀《しょくにほんぎ》』によると、聖武天皇の伊勢行幸の際には、川沿いに「河口頓宮」（現白山町川口）が設けられた。

祓《はらい》川

現在の祓川は、松阪市南部から多気《たき》郡明和町を北東流する櫛田川の支流で、神山付近で櫛田川から分かれ伊勢湾に注いでいる。

ところが永保《えいほう》二年（一〇八二）の地震や大洪水前までは、櫛田川の本流とされ多気川、稲木《いなぎ》川、竹川などと呼ばれる大きな川であった。

斎王たちは群行の途中で何度も身を清めるが、斎宮に入るにあたり最後にこの祓川で禊《みそぎ》を行っ

た。そのため河畔には祓殿《はらえどの》が特設されていた。

江戸時代の伊勢神宮参拝者も、この川を渡る際に禊、祓をしたと伝わる。

宮川《みやがわ》

奈良との県境、大台ケ原山（吉野熊野国立公園）に源を発し、流路延長は九〇・七キロの伊勢国最大の河川。度会《わたらい》川、度会大川、豊宮《とよみや》川（豊受大神宮＝外宮の御祓川であった）の別称がある。

五十鈴《いすず》川

剣峠から発して高麗広《こうらいびろ》を流れる本流および逢坂《おうさか》峠から発する島路《しまじ》川の二流があり、内宮の西南で合流する。

五十鈴川が神宮の神域を通ることは周知のとおりで、御裳濯《みもすそ》川、宇治川とも呼ばれる。流路延長は一〇・二キロ。河口付近で勢田川と合流する。

三重県内を流れるゆかりの川

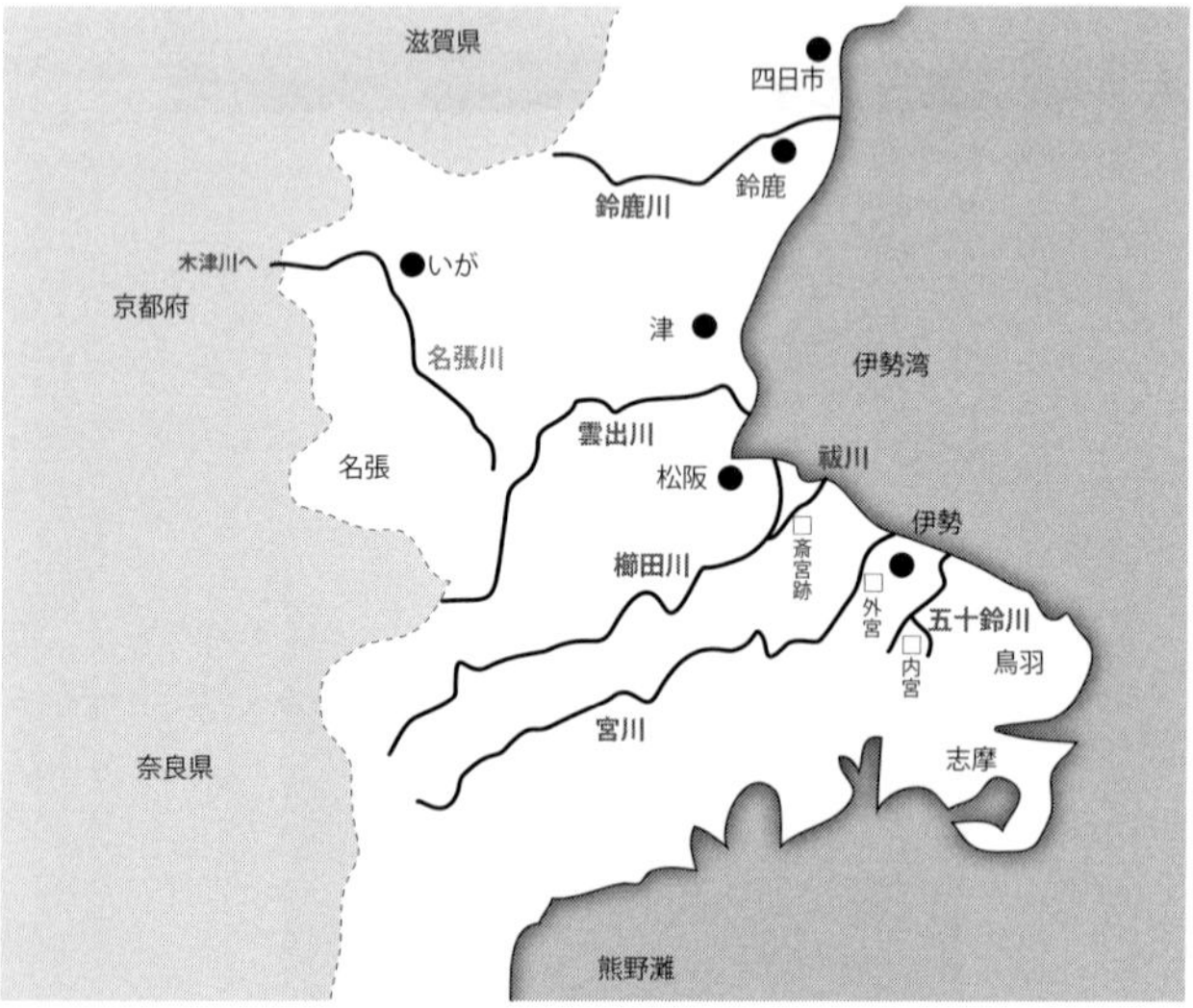

第六章◎伊勢国に入る

◎伊勢国　桑名野代宮《くわなののしろのみや》

『世記』垂仁天皇十四年、伊勢の国、桑名の野代宮に移って四年お祭りした。その時、国造大若子命《おおわくご》〈またの名は大幡主命《おおはたぬし》〉がやって来て、お供として仕えた。

『儀式帳』次伊勢桑名野代宮坐只。其宮坐時爾。伊勢国造遠祖。建夷方乎。汝国名何問賜。曰久。神風伊勢国止白支。即神御田並神戸進支。

◎鈴鹿国　奈其波志忍山宮《なごわしのおしのやまのみや》

『世記』次に川俣の県造《あがたのみやつこ》の祖で大比古命《おおひこ》が来た。「お前の国の名は何というか」と倭姫命が問うた。「鈴鹿の国、それは名前も神秘的な忍山です」と答えた。そこで天照大神を祭る神宮を作って移した。また田と家を献上した。

『儀式帳』次鈴鹿小山宮坐支。彼時。川俣県造等遠祖。大比古乎。汝国名何問賜只。白久。味酒鈴鹿国止白支。其即神御田並神戸進支。

◎鈴鹿小山宮

『儀式帳』次鈴鹿小山宮坐支。彼時。川俣県造等遠祖。大比古乎。汝国名何問賜只。白久。味酒鈴鹿国止白支。其即神御田並神戸進支。

野《の》志《じ》里《り》神社　【式内社】（三重県桑名市多度町下野代三〇七三）

◎伊勢国　桑名野代宮《くわなののしろのみや》

野代宮の候補地は、ここ一カ所だけである。『式内社』の「野志里（ノシリ）神社」で、祭神は天照大神、建御雷《たけみかづち》神、天兒屋根《あめのこやね》命。境内に「伊勢神宮御旧跡野代の宮」と刻まれた石柱がたつ。

倭姫命は尾張中嶋宮より船でここに到り、四年の間、奉斎したという。

神社の所在地「下野代」の東に隣接して「大鳥居」という地名がある。野代宮の大鳥居があったといわれており、場所は八幡神社のあたりだとされる。つまり野代宮が大規模なものであった、あるいは宮だけでなく相当の広さの関連施設を持っていたことがうかがえる。

倭姫命は、大若子《おおわくご》命（またの名を大幡主命）、その弟《おと》・乙若子命と、このあたりで出会った

とされる（『世記』）。なおこの二人の名は、のちによく登場する。

神館神社　〔桑名市江場一四四二〕

祭神は、天照皇大神、豊受大神、倭姫命、大山祇《おおやまつみ》神、火《ほ》産靈《むすび》神。

垂仁天皇十七年九月、倭姫命が桑名野代宮に巡幸の際、休泊所として神館が建てられ、その跡に御厨神社として当社が創建されたという。近世以来は通称で「若宮さん」と呼んでいるが、正しくは神館神社または神館神明宮、神館明神と称する。

ACCESS●アクセス

神館神社
桑名市役所から国道1号経由
車で5分

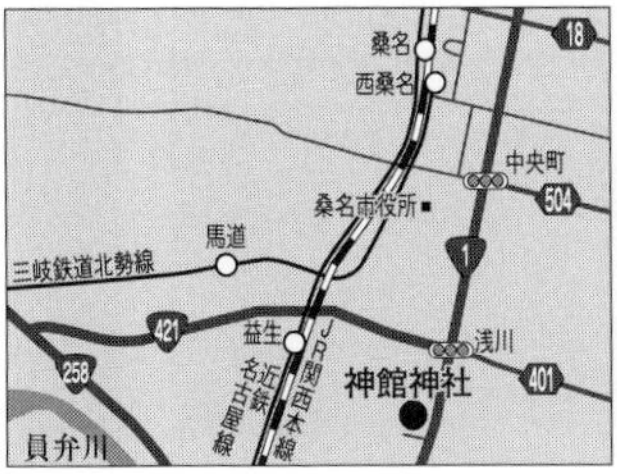

野志里神社
養老鉄道多度駅から国道258号経由
車で8分

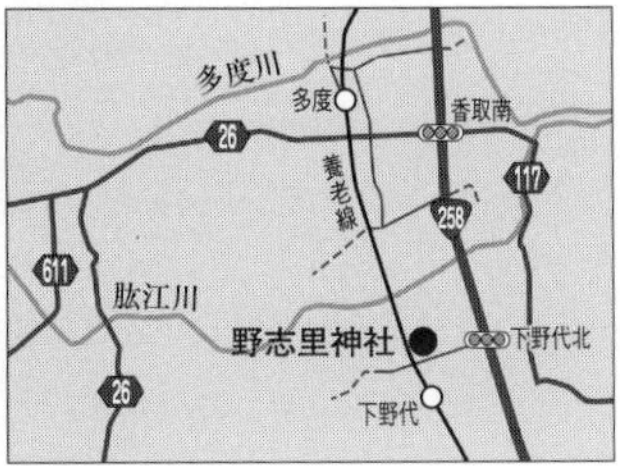

御在所岳（三重県三重郡菰野町ほか）

三重県から滋賀県にかかる御在所岳《ございしょだけ》。標高一、二一二メートル。御在所山ともいう。

山の名の起源は、一説には倭姫命が桑名野代宮から奈其波志忍山宮《なごわしおしのやまのみや》に移る途中、この山に「御在所」したことによるという。またアイヌ語を起源とする、神々の鎮座する大きく広々とした山頂の尾根、と解する説もある。更には江戸時代の話で、隣の鎌ヶ岳（一、一六一メートル）と背比べをしたとき「どうだい、こっちが高うござんしょ」と自慢したから、との説もある。

古来、信仰の山であり、麓の三滝《みたき》川上流の渓谷には、養老年間に僧浄薫《じょうくん》が発見した湯の山温泉がある。

倭姫命はどの辺りに「御在所」つまり仮頓宮を置いたのだろうか。

山の頂上に御在所したとする説があるが、山頂に建物（宮）を築くことは昔から先ずありえない上に、冬の気候に耐えられないであろう。倭姫命が宿泊した場所は、やはり山の麓と考えるべきであろう。

ACCESS●アクセス

御在所岳

湯の山温泉から山頂行きのロープウエイがある

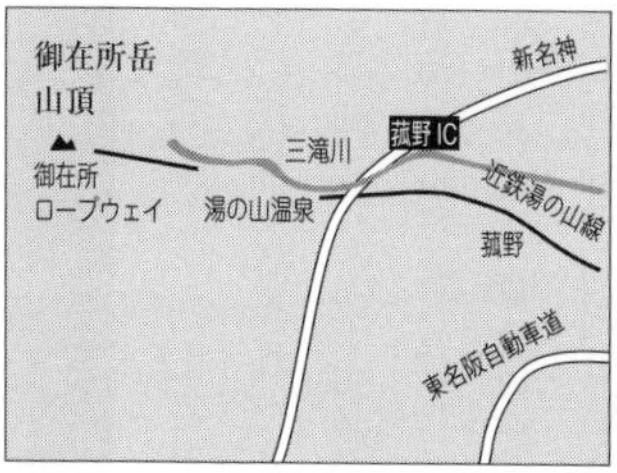

ACCESS●アクセス

宿野地区

近鉄湯の山線・菰野駅下車、国道477号で徒歩17分

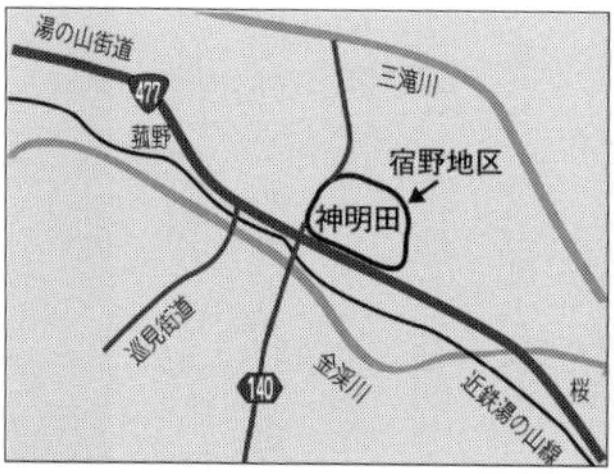

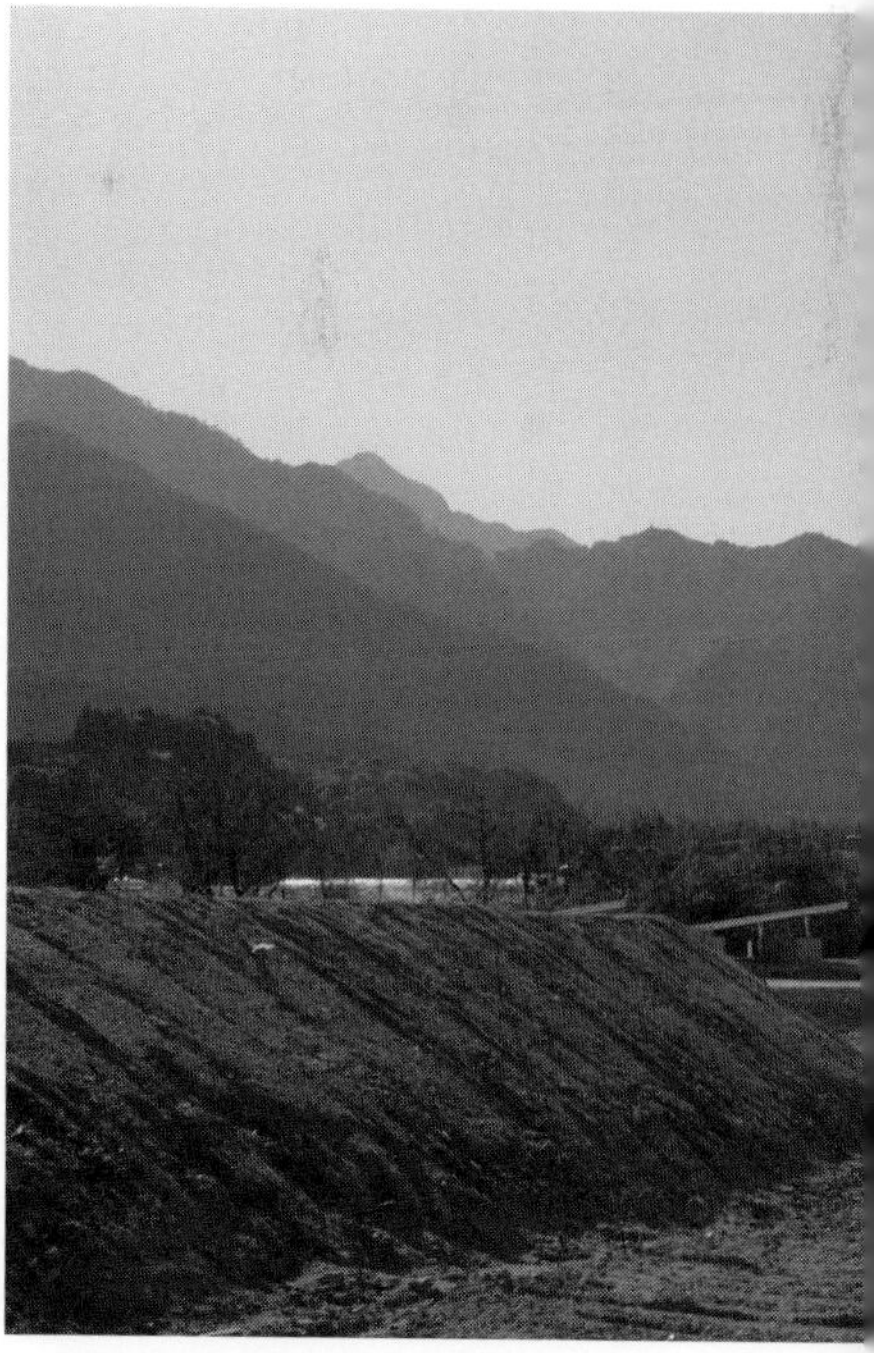

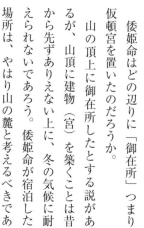

宿野地区（三重県三重郡菰野町宿野神明田）

『伊勢名勝志』による説である。「宿野《しゅくの》」地区に頓宮があり、のちに氏神が置かれたという。これは神明社であり天照大御神を祭神としたが、明治の合祀によって同地区内の南方山側、須賀神社に合祀された。その須賀神社は現在、跡地が確認できるが、さらに廣幡《ひろはた》神社（現在三十一柱を祀る）に合祀された。

神明社は神明田という小字にあったというが、近年の耕地整理や商業施設の建設で詳細は不明となった。現在の宿野地区の東側であったという。

『伊勢名勝志』は明治二十二年に刊行されており「天照大神頓宮址　宿野村字神明田ニ在リ東西九尺南北六尺許ノ丘阜タリ雑草茂生ス伝ヘ云フ倭姫命天照大神ヲ奉ジ桑名野代宮ヨリ鈴鹿郡奈具波志忍山ニ遷幸アリシ時頓宮ノ地ニシテ旧ト神明社アリシガ後、氏神社ニ合祀スト」と書く。

伊勢神宮の領地経営の書である『神鳳鈔《じんぽうしょう》』に「内宮須久野御厨」と見える。

江田神明社跡

（三重県三重郡菰野町菰野江田）

江田神明社は明治の末頃まであったが、明治三十九年からの統廃合政策によって菰野《こもの》町内の廣幡《ひろはた》神社に合祀された。この神社の地が伝説の御在所の行宮だと思われるが、場所はどこにも示されておらず、口伝としてのみ残る。ただ菰野町内に少し前まで、大字「神明」という地名があり、その地内に小字「江田」があった。〔三重郡菰野町大字神明字江田八四七七〕が以前の住所である。

雑木林の中に祠の跡らしきものが残っているが、これが旧江田神明神社ではないかと思われる。私有地につき立ち入り禁止。

ACCESS●アクセス

江田神明社跡
近鉄湯の山線・湯の山温泉駅下車、徒歩4分

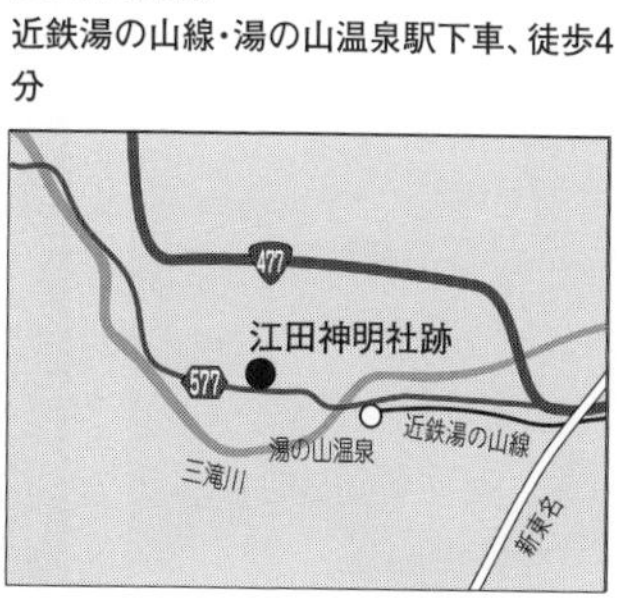

愛宕《あたご》神社（三重県亀山市野村一－二）

◎鈴鹿国　奈其波志忍山宮《なごわしのおしのやまのみや》

『世記』、奈其波志《なごわし》忍山宮《おしのやまのみや》において、倭姫命がいつから何年留まったかは記されていないが、宮は愛宕山の麓にあったという。それが式内忍山神社か式内布氣神社かは不明。

　ここ愛宕神社の祭神は、火産霊《ほむすび》（火之迦具土神《ひのかぐつち》）ほか、合祀の神々。

　その昔、愛宕山麓西南域に神社があったという。この神社には二つの説があり、それは忍山神社と布気皇館太神社《ふけこうたつだい》である。ところがこの二社は、近くに鎮座するが、名称が入れ換わっているようだ。式内布気神社は現

在の忍山神社、式内忍山神社は現在の布気皇館太神社となったらしい。忍山神社か布気皇館太神社かは定かではないが、どちらかがもともとここにあり、後に移転したという考え方がもとになっている。

愛宕山は江戸元禄時代以来の呼称であり、それ以前の寛文《かんぶん》年間（一六六一〜七三）に書かれた古地図には、押田山とある。押田山は忍山と発音が似ており、愛宕山の麓西南一帯が忍山神社の地ではないかとの説も強い。愛宕神社は愛宕山頂にあり、海抜は九〇メートル。

ACCESS●アクセス

愛宕神社

亀山市歴史博物館から県道647号経由車で5分（Pなし）

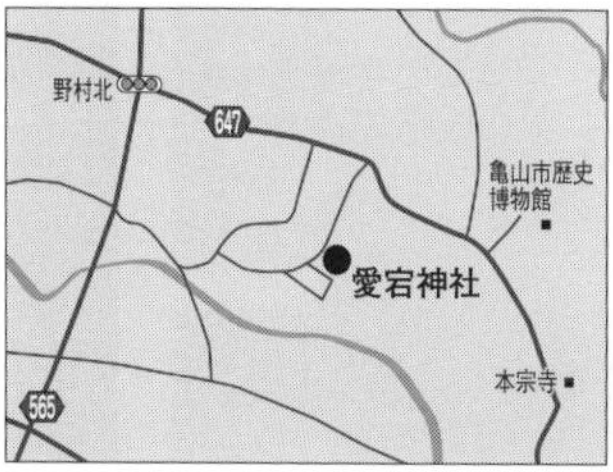

忍山神社《おしやま》〔式内社〕〔村社〕（三重県亀山市野村四―四―六五）

◎伊勢国　奈其波志忍山宮《なごわしのおしのやまのみや》

　この地区、野村集落の古い名は忍山だったようで、神社も古くから白髪《しらひげ》（ママ）大明神と称され、江戸中期には猿田彦大神を祀っていたという。

　忍山神社は紆余曲折を経て現在に至っているが、一説によれば『延喜式』の「忍山（オシヤマ、オヤマ）神社」といわれており、祭神は、猿田比古《さるたひこ》命、天照大御神、倭姫命、太玉《ふとだま》命、天児屋根《あめのこやね》命を始め、旧村内合祀の祭神を併せて二十四柱を祀る。

　垂仁天皇十八年の創建と伝わるこの社は、倭姫命がこの地に到着し、大若子《おおわくご》命、大水口宿祢《おおみなくちのすくね》、

忍山宿祢らが宮殿を造営して天照大神を奉斎したという。文明四年（一四七二）の兵火によりすべて焼失したが、神体は白木山に難を逃れた。

『紀』ヤマトタケルはこの忍山宿祢の娘である弟橘《おとたちばな》姫を妃とした。

忍山宿祢の娘・弟橘姫

夫・ヤマトタケルが走水《はしりみず》（浦賀水道）を渡るとき船が暴風に遭うが、姫が自ら犠牲となって入水し、海神の心を鎮めたとの逸話がある。また『常陸国風土記』には倭武天皇の皇后・大橘比売命の名がみえる。

『記』成務天皇段に、穂積臣らの祖・建忍山垂根《たりね》の娘・弟《おと》財《たから》郎女を娶《めと》りとあるが、弟財郎女が弟橘姫となったものともいわれる。

ACCESS●アクセス

忍山神社
亀山市役所から県道302号経由
車で7分（Pあり）

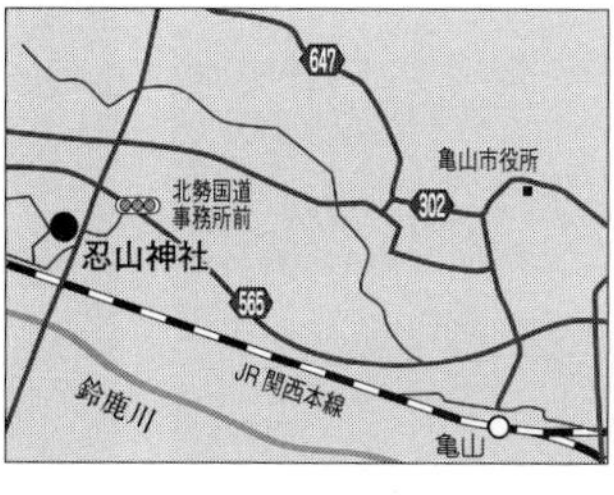

布気《ふけ》皇館《こうたつ》太《だい》神社 〔式内社〕〔村社〕（三重県亀山市布気町一六六三）

◎伊勢国　奈其波志忍山宮《なごわしのおしのやまのみや》

　ここでは、式内社・布氣神社が布気皇館太神社につながるものとの立場で記述する。『延喜式』の布氣（フケ）神社が現在の布気皇館太神社であろうということである。

　祭神は、天照大御神、豊受大神、伊吹戸主神《いぶきどぬし》を含め二十三柱。

　その昔、野尻村の街道沿いの林の中に皇館社《こうたつしゃ》があった。念のために、布気神社は式内社だが、皇館神社は式内社ではない。雄略天皇の頃、豊受大神がこの地を通る際、一泊した行宮《あんぐう》の旧跡だと伝わる。

　ここに鈴鹿神戸の事務を執り

行う所があり、のちに神戸七郷の総社となった。いつの頃からか、この皇館社に式内布気神社が合祀されたものと考えられ（合祀されたという事実は見出せない）、布気皇館神社大神と称するに至った（『亀山地方郷土史』）。
「布気」は湿地の開拓地を意味するという。

外宮の成立

外宮はまた豊受宮、度会《わたらい》宮ともいい、伊勢市山田にあって五穀豊穣の神である。『止由気神宮儀式帳』によると、雄略天皇の夢に天照大神のお告げがあり、朝夕に奉る御饌《みけ》の神として、その22年（478）9月丹波国比治の真名井原《まないはら》から、今の山田原の地に遷座されたものという。

ACCESS●アクセス

布気皇館太神社
亀山市役所から県道302号経由
車で6分

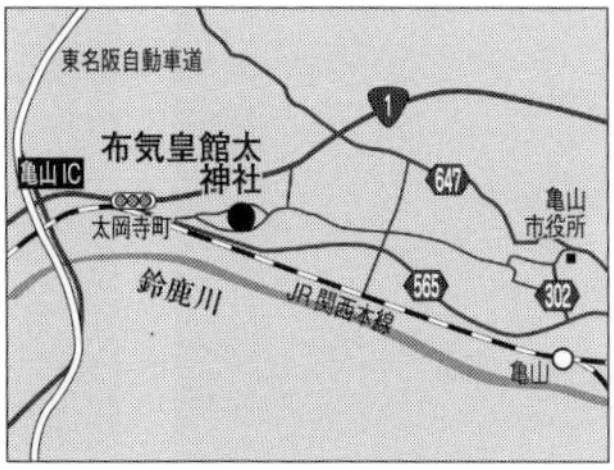

御厩《おんまや》の松・都追美井《つつみい》（三重県関町古厩《ふるまや》）

大化改新後、駅制が布かれた際に鈴鹿駅《うまや》が置かれた。駅馬二十頭を常備して駅舎、井戸などの施設が整備され、目印として松が植えられたという。また駅の井戸「都追美井」を神体とする『延喜式』の「大井（オホヰ）神社」跡地でもあり、この一帯が鈴鹿駅であったと考えられる。

現地の案内板は「垂仁天皇の御代、皇太神宮遷宮のおり、倭姫命がこの大井神社に神馬を駐《と》め、蹄《ひづめ》を休ませた」と伝え、昭和五十四年には「県の天然記念物に指定されていた先代の松は、樹齢四百年以上とも伝わり、高さ一五メートル、幹まわり六メートル」であったという。現地には直

径二・三五メートルの根株が保管されているが、この千代の松は昭和五十八年に伐採され、翌年には三代目（写真）の松を植栽した。

ここは鈴鹿川の渡河点であり、古来交通の要衝。今日もそうである。

▲都追美井

都追美井の名称は、万葉集によるとされる。

鈴が音の　早馬駅家《はやまうまや》の堤井《つつみい》の　水をたまへな妹が直手《ただて》よ

詠み人知らず、巻14・3439

大意：早馬のいる駅家の堤井（井戸）の水を飲ませて頂きましょう。乙女の手から直に

（須受我祢乃　波由馬宇馬夜能　都追美井乃美都乎多麻倍奈　伊毛我多太手欲）

ACCESS●アクセス

御厩の松・都追美井
名阪国道関ICから県道10号ですぐ
（Pなし）

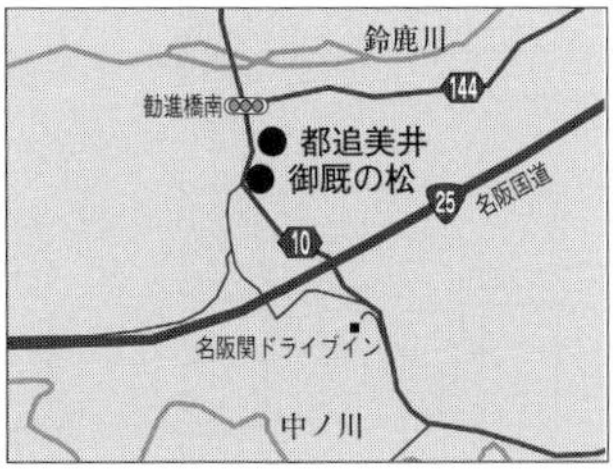

あの子、誰だろう？
転校生の遮光器さんだろ
やば！
時代を間違えた

◎伊勢国　藤方片樋宮《ふじかたかたひのみや》

『世記』垂仁天皇十八年、阿佐加《あさか》の藤方片樋宮に移り、四年間お祭りをした。

『儀式帳』次壹志藤方片樋宮坐只。

◎伊勢国　飯野高宮《いいののたかみや》

『世記』垂仁天皇二十二年、飯野の高宮に移って四年間お祭りをした。その時、倭姫命は飯高の県造《あがたのみやつこ》の祖《おや》、乙加豆知《おとかづち》命に「汝の国の名は何というか」と問うた。「(意須比《おすひ》)飯高の国」だと答え、人と田を献上した。「飯高い(ご飯を高く盛るの意か)のはめでたい」と悦んだ。

『儀式帳』而飯野高宮坐支。彼時。佐奈乃県造御代宿祢乎。汝国名何問賜支。白久。許母理国志多備乃国。真久佐牟気草向国止白支。即神御田並神戸進支。

◎伊勢国　佐佐牟江宮《ささむえのみや》

『世記』それより進んで佐佐牟江に船を泊め、佐佐牟江宮を造り留まった。大若子命《おおわくごのみこと》が「(白鳥の)真野の国」と国褒《ほ》めの言葉を述べ、そこに佐佐牟江社を定めた。

『儀式帳』而多気佐々牟迤宮坐支。

◎伊勢国　伊蘓宮《いそのみや》

『世記』垂仁天皇二十五年春三月、飯野の高宮から伊蘓宮に移り留まった。その時、大若子命に「お前の国は何というのか」と問うた。答えて「度会《わたらい》の国、伊蘓の国」と。御塩浜《みしおはま》と林を定め、この宮に留まってお祭りした。

『儀式帳』次玉岐波流磯宮坐只。

◎瀧原宮

『世記』そこ(御瀬《みせ》社)より進んで、美しい地に着いた。倭姫命が真奈胡神に「国の名は」と尋ねると「大河の瀧原の国」だと答えた。荒草を刈り掃《は》いて宮を造らせ、天照大神を祭った。しかし「ここは私の希望する地ではない」との大神の悟《さと》しであった。そこでさらに宮川の南の道を進むと美しい野に着いたが、宮の地を求めて困り果て、そこを和比と名付けた。

加《か》良《ら》比《ひ》乃《の》神社　【式内社】【村社】（三重県津市藤方森目三三五）

◎伊勢国　藤方片樋宮《ふじかたかたひのみや》

『世記』藤方片樋宮の候補地である。そのほかにも大阿坂《おおあざか》、小阿坂にそれぞれ阿射加《あさか》神社がある。倭姫命はこの宮で四年間奉斎した。

『延喜式』の「加良比乃（カラヒノ）神社」で、祭神は御倉板《みくらた》擧《なの》神、伊豆能賣《いずのめ》神、天照皇大御神を含め十八柱。

倭姫命が天照大神を奉斎して巡幸の際、ここに神殿を建築した。

倭姫命がここに滞在した時、この地の片側が険阻《けんそ》で水利が悪かったので、樋《ひ》（水を導く「長い管」）を用いて泉を引いた。

それゆえ片樋宮と名付けたという。「加良比」は「片樋《かたひ》」が転訛あるいは間違って伝わったものと考えられている。これに対し、語義は「潟干《かたひ》」であって、近くの海岸地帯の地形からきたとする考えがある。

　倭姫命は四年でここを去ったが、その後、この宮跡に、先に述べた二柱を祀り加良比乃神社と称したという。

ACCESS●アクセス

加良比乃神社
津市役所から国道23号と県道114号経由　車で10分

阿射加《あざか》神社

【式内社】【村社】（三重県松阪市大阿坂《あざか》町六七〇）

◎伊勢国　藤方片樋宮《ふじかたかたひのみや》

『延喜式』の「阿射加（アサカノ）神社三座」。現在は大阿坂町と小阿坂町にそれぞれ一カ所ずつ、二社の阿射加神社がある。

阿佐加《あさか》山の上にあった式内阿射加神社が、のち麓に降りて鎮座したというが、いずれの阿射加神社のことかは不明。

さて大阿坂町の阿射加神社であるが、祭神は猿田比古大神。『古事記』によると猿田毘古《びこ》神が阿邪訶《あざか》にいた時、漁をしていて比良夫《ひらふ》貝（種類不明）に手を噛まれ溺れたという。猿田彦は、天孫降臨の神話で天降る神々の先導をした神。このあたりでは祭神や伝承によく登場する。

『世記』によると、阿佐加《あさか》（賀）の嶺に神がおり、道行く人の半数を殺してい

た。倭姫命は大若子《おおわくご》を京《みやこ》に遣わして、この神のことを申し上げたところ、天皇は種々の供物をその神に捧げて鎮めるよう仰せの上で大若子を帰した。そこで阿佐加の山の嶺に社を造ってその神を祀った。神はようやく鎮まった。倭姫命は「宇礼志《うれし》」と仰せになった。その地を宇礼志という。現在、松阪市内には嬉野《うれしの》という地名が平野部のみでなく、山間部も含めて広く存在する。

『儀式帳』『世記』ともに阿佐加の荒ぶる神平定の説話を記しており、『世記』では、その神を阿坂山上に社殿を造り祀ったのがこの社だと伝える。この話は『伊勢国風土記逸文』がもとになっているようだ。

また、ここには大阿射賀御厨（外宮）があった。

ACCESS●アクセス

阿射加神社
伊勢自動車道松阪ICより県道58号経由車で11分

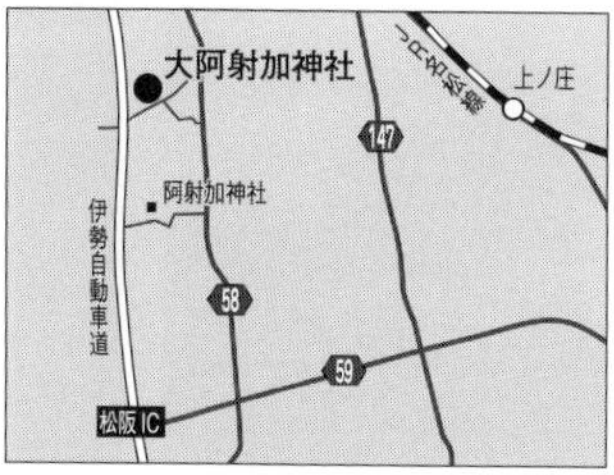

◎伊勢国　藤方片樋宮《ふじかたかたひのみや》

阿射加神社　［式内社］［村社］（三重県松阪市小阿坂《こあさか》町一二〇）

小阿坂の阿射加神社であるが、祭神はこちらも猿田彦大神。三殿が横並びで本殿をなし、それぞれほぼ同じ大きさの大社造である。

伝承は前出の阿射加神社（大阿坂）同様で、『世記』もほぼ同じ記述。

倭姫命が巡幸した際、阿佐加の嶺に荒ぶる神がいたという話で、大若子命はこの神を安らかに鎮めることができ、安佐賀に社殿を建て、伊豆速布留《いずはやふる》神をお祭りするようになった。これが今の阿射加神社で、伊豆速布留神とは猿田彦大神のことである。時は垂仁天皇十八年四月十六日のことで、神社創建にかかわった大若子命は境内社の大若子神社に祀られている。

社叢《しゃそう》は市指定天然記念物（昭和六十三年）である。

集落を貫く南北の通りを、県道五十八号線から西に折れて神社に向かう角に「猿田彦大神」と刻まれ

た石碑がある。ここには、小阿射賀御厨（外宮）があった。

『世記』にいう「阿佐賀山」とは桝形《ますがた》山のことである。二つの阿射加神社の西側の山で標高三一三メートル。その名は頂上が平坦でちょうど桝のように見えるからという。
　中世に伊勢国司の北畠氏が阿坂《あざか》城を築くが、籠城の際、水不足を敵に知られないよう白米を馬の背にかけ流したという逸話から、白米城《はくまいじょう》ともいう。地元では山自体も阿坂城、白米城と呼ぶ。
　城としては東西約一五〇、南北約三〇〇メートルの広さで北廓（椎ノ木城）および南廓（白米城）から成る。永禄十二年（一五六九）織田信長に責められ落城、廃城となった。

ACCESS●アクセス

阿射加神社
伊勢自動車道松阪ICより県道58号経由車で9分

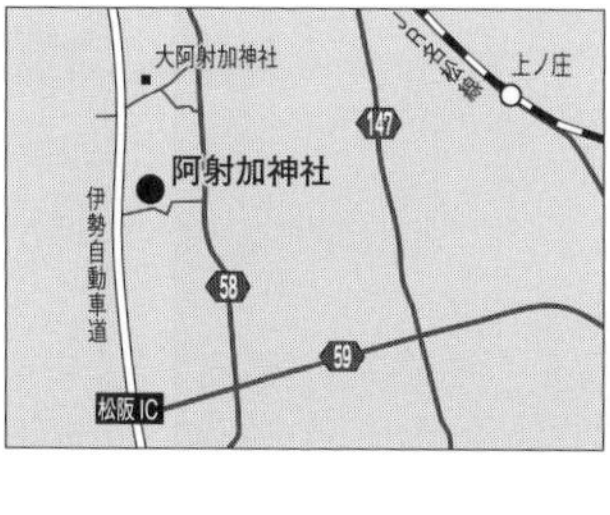

▲境内社の大若子神社

神山《こうやま》神社　［式内社］［郷社］（三重県松坂市山添町四）

『世記』飯野高宮《いいののたかみや》の候補地は、神山神社と神戸神舘《かんべこうたち》神明社がある。倭姫命はこの宮で四年間、奉斎した。

神山神社は、『延喜式』の「神山（カムヤマノ）神社」あるいは「櫛田槻本（クシダツキモト）神社」と考えられる。

祭神は、猿田彦命、天鈿女《あめのうずめ》命、大彦命、大歳《おおとし》命、須佐之男《すさのお》命、天忍穂耳《あめのおしほみみ》命、田心姫《たごりひめ》命、市杵島姫《いちきしまひめ》命、瑞津姫《たぎつひめ》命。

神山の山麓にあり、参道をJR紀勢本線が横切る。

古来天照大神の行宮である飯野高宮として尊崇を集め、山添

大明神、白髭大明神、鑰取《かぎとり》明神、神山神社などと称されてきた。明治の合祀、昭和初期の度々の分祀を経て、現社名となったのは平成元年と新しい。

神山は櫛田川を見下ろす標高約一三〇メートルの山であり、地元では「こやま」という。山頂付近には神山《こうやま》城跡、その東に一乗寺がある。

なお、この神社には「山頂にあって高宮といった」との伝承もある。

▲神山遠景

ACCESS●アクセス

神山神社
松阪市役所から県道37号と県道701号経由　車で20分

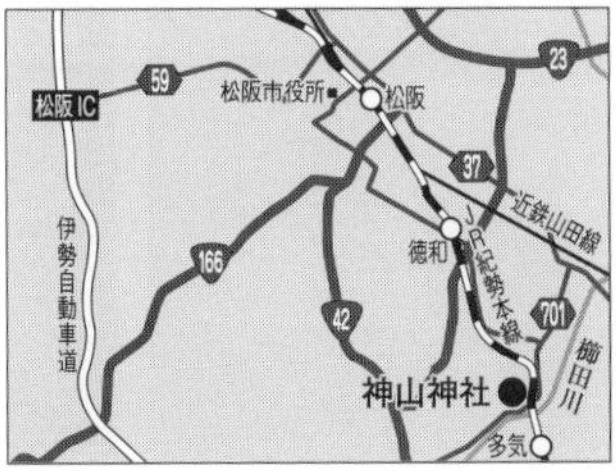

神戸《かんべ》神舘《こうたち》神明社

【式内社】【村社】（三重県松阪市下村町一七九一）

◎伊勢国　飯野高宮《いいののたかみや》

一説に『延喜式』の「意悲（オヒノ）神社」だというが、明治時代に改称した。神戸六郷の惣社である。

天照皇大神宮御靈《みたま》、豊受大神宮御靈、大倭姫命、乙加豆知《おとかづち》命を主祭神とし、明治時代に正勝吾勝々速日《まさかあかつかちはやひ》天忍穂耳《あめのおしほみみ》命、木花開耶姫《このはなさくやひめ》命、大山祇《おおやまつみ》神を合祀した。

社伝によると「創建は、垂仁天皇二十二年十二月二十八日より天照皇大神宮四ケ年御鎮座の飯高の宮飯野高宮と云う」。この日付は『世記』などには記載がない。

『世記』には、倭姫命が飯野の高宮に四年奉斎したとき、飯高県造の祖・乙加豆知に「お前の国は何というか」と

問うている。ここに登場する乙加豆知という人物は、詳しいことは不明だが、第五代孝昭天皇の皇子・天押帯《あめのおしたらし》日《ひ》子《こ》命の子孫で、飯高県造であったという。

ACCESS●アクセス

神戸神館神明社
JR紀勢本線徳和駅より徒歩5分

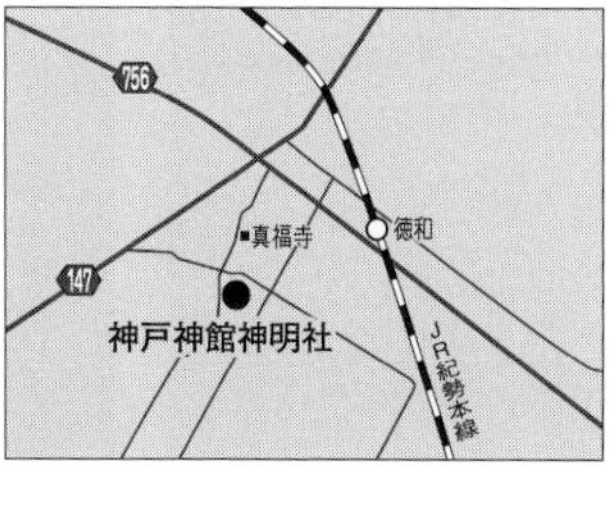

竹《たけ》神社 【式内社】（三重県多気《たき》郡明和町斎宮二七五七ー二）

『延喜式』神名帳の「竹（タケノ）神社」。『延喜式』斎宮寮には「竹上社」、同書卜部《うらべ》兼永本に「竹田神社」とある。この社地は、もと宇志葉《うしば》神社の鎮座地であった。

『世記』には「また大若子命《おおわくご》に、お前の国の名は何というか、と問うと、命は（百張《ももはる》）蘊我《そが》の国、（五百枝刺《いほえさす》）竹田の国と答えた」とある。『儀式帳』には「百張蘇我乃國。五百枝刺竹田乃國止白支」とみえる。つまり、このあたりが竹田の国だった。

祭神は長白羽神《ながしらは》、地主神、八千々《やちち》姫命を含め十三柱。社伝によれば、垂仁《すいにん》天皇の時代に、竹連《たけのむらじ》の祖・宇《う》加之日子《かのひこ》の子・吉志比古《よしひこ》が倭姫命の

お供をしてこの地に留まった。第三十六代孝徳天皇（在位・六四五〜五四）の時代に多気郡が創設されたとき、その子孫が郡領に任ぜられ、以来ここに定住して始祖・長白羽神を祀ったのが始まりだという。

　古くは斎宮の祈年祭や新嘗《にいなめ》祭に関与しており、絹、木綿、麻などが献上されていた。

竹神社旧社地。創始当初の竹神社は、現在の斎宮歴史博物館南の古里公園内（多気郡明和町竹川）にあった。今では木が茂る中に石碑が建てられている。

ACCESS●アクセス

竹神社
斎宮歴史博物館から県道428号と県道707号経由　車で4分

櫛《くし》田《だ》神社　［式内社］［村社］（三重県松阪市櫛田町七二四）

『世記』にみえる「櫛田社」。『延喜式』の「櫛田（クシダノ）神社」あるいは「櫛田槻本（クシダツキモト）神社」とされる。

祭神は、大《おお》若《わく》子《ご》命、櫛玉命、市杵《いちき》島姫命、天忍《あめのおし》穂《ほ》耳《みみ》命、須佐之男命、熊野大神《くまののおおかみ》。近く櫛田川が流れる。

『世記』では、倭姫命はそこ（百張蘓我国）に櫛を落とし、櫛田と名付けて櫛田社を定めた。

由緒は「垂仁天皇二十五年（紀元前五年）倭姫命は飯野高宮におられたが、ある時、田に櫛を落とされ、大若子命が拾って差し上げた。倭姫命は大若子命を櫛田神社の祭神としてお祀りするよう命じられた。大若子命はのちに大幡主命と改名している」とのこと。

もとの社地は現在地の北西約七五〇メートルにあったといい、明治四十一年十二月、政府の

一村一社制の推進によって神山神社に統合されるも、氏子の働きかけで昭和八年二月三日、現在地に再建された。

櫛には解《とき》櫛、梳《すき》櫛など髪を整えホコリを除く実用のものと、飾りの挿《さし》櫛とがある。材質は縄文晩期の鹿角、弥生時代の木や竹、奈良時代には象牙、黄楊《つげ》などがみられる。櫛には霊魂が宿るとして魔除け、御守りの役目も果たした。

▲櫛田神社旧社地〔松阪市櫛田町〕

ACCESS●アクセス

櫛田神社
松阪市役所から県道37号経由
車で24分（Pあり）

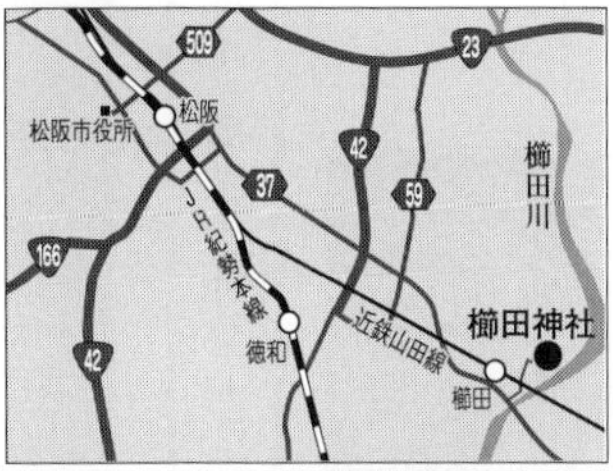

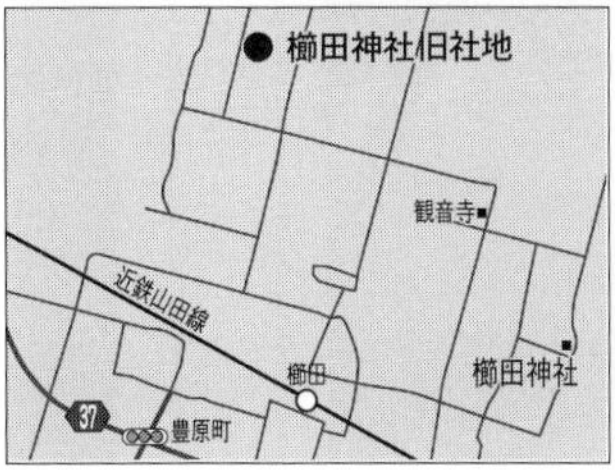

魚見社の候補

『世記』にみえる「魚見社」。

櫛田社から船に乗って行くと河口の入江に至った。そのとき魚が自然に集まってきて、船に飛び込んできた。倭姫命はその様子を見て悦び、そこに魚見社を定めた。(『世記』)

また『延喜式』には「魚海(ウオウミ、イヲウミ)神社二座」とある。現在では「魚見神社」と「魚海神社」があるが、どちらが倭姫命に縁がある社(または式内社)であるかは不明。両社

魚見神社 〔式内社〕〔村社〕(三重県松阪市魚見町八一五)

祭神は天照皇大神、月読荒魂《つきよみのあらみたま》命。

入口左に「行宮《あんぐう》阯」の碑がある。行宮は仮の住居という意味なので、魚が船に飛び込んできたことで、倭姫命がここに仮の宮を置いたのであろうか。『世記』は「魚見神社」と書き「見」の字を使う。

次の魚海神社も読みが同じである上に距離も近く、『世記』の魚見社が魚見神社か魚海神社のいずれであるかは決め難い。

とも式内社としておく。

内宮の御薗として「魚見東御薗」「魚見新御薗」などと書かれた記録がある。

ACCESS●アクセス

・魚見神社
斎宮歴史博物館から県道707号と県道60号経由　車で11分（Pなし）

・魚海神社
斎宮歴史博物館から県道707号と県道60号経由　車で14分（Pなし）

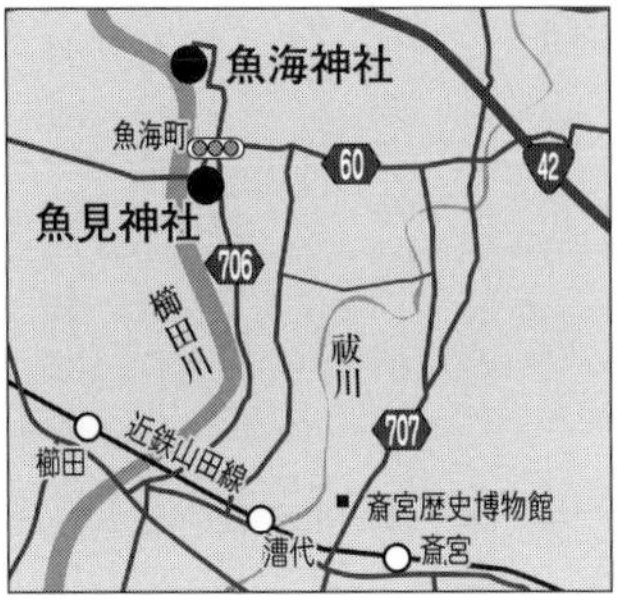

魚海神社　［式内社］［村社］（三重県松阪市川島町一八三番地）

神社の由緒書を見ると「祭神は主神を豊玉《とよたま》姫命（彦火火出見尊《ひこほほでみのみこと》の后《きさき》）とし、豊玉彦尊（彦火火出見尊）、月読荒魂尊（月の神）、天《あめ》之忍穂耳《のおしほみみ》尊（天照大神の御子）、須佐男《すさのお》尊、大山津見《おおやまつみ》尊（山の神）」とある。

倭姫命の乗る船に魚が飛び込んできたという由緒があり、それを垂仁天皇二十三年二月十一日のこととして、神社の創始は天照大神の伊勢の地への鎮座より遡ること三年八カ月であるとしている。

真名胡《まなこ》神社の候補

『世記』そこ（魚見社）から進むと、ごちそうを奉る神がやってきた。倭姫命が「お前の国の名は何というか」と問うと「白浜真名胡《まなこ》の国」と答えた。そこに真名胡神社を定めた。乙若子《おとわくご》（大若子の弟）が麻で作った幣帛《へいはく》、藁人形などを倭姫命に献上し、祓《はらえ》をした。

『世記』にみえる真名胡神社とされるところは二カ所ある。ここ畠田神社と奈々美神社である。

畠田《はたけだ》神社 ［式内社］［村社］（三重県多気郡明和町中村一〇二九）

『延喜式』に「畠田（ハタダ）神社三座」とあるが、元からこの場所に鎮座していたわけではない。

石に刻まれた由緒では、創建は延喜年間（九〇一～二三）以前であることは明らかだが詳細は不明。明治四十一年、旧下小糸村内の神社が合祀され、火之迦具土《ひのかぐつち》神ほかを祀る。計十二地区、二十五柱（三重県神社庁）あるいは二十七柱（由緒書）。ここに合祀された神社の一つとして「浜田（地区名）白浜真名胡神社他三社」とある。

ACCESS●アクセス

・畠田神社
近鉄山田線斎宮駅から県道707号、県道705号経由　車で16分（Pあり）
・奈々美神社
近鉄山田線櫛田駅から県道60号を経由し車で15分（Pあり）

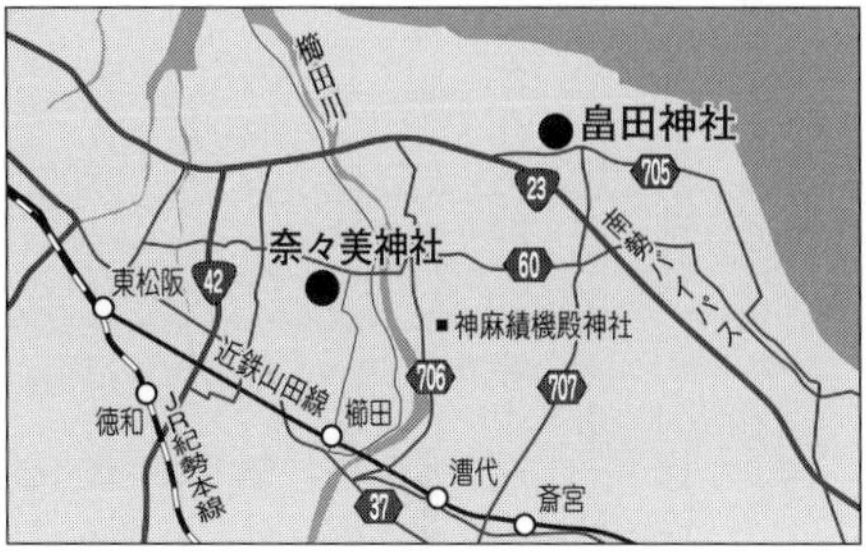

奈々美《ななみ》神社

〔式内社〕〔村社〕（三重県松阪市上七見町四六八）

『延喜式』の「奈々美《ナヽミノ》神社」。

ここも真名胡神社の候補地である。

祭神は、倉稲魂《うかのみたま》命、建速須佐《たけはやすさ》之男《のお》命、八柱《やはしら》神、天忍穂耳《あめのおしほみみ》命、豊玉比売《とよたまひめ》命。外宮の若菜御厨だとされている。

所在地については、七見村にあったことは異議がないが、村内で三カ所の説がある。『延喜式』は斎宮寮について、斎宮の祈年祭に預《あずか》かっていた、とする。昔から毎年一月五日には上七見村より外宮へ七草を奉献しており、七見草神社ともいわれる。

竹佐佐夫江神社《たけささぶえじんじゃ》

【式内社】【村社】（三重県多気郡明和町山大淀三、〇〇四）

◎伊勢国　佐佐牟江宮《ささむえのみや》

この神社は、倭姫命の佐佐牟江宮だといわれるが、伝承に乏しい。『儀式帳』には「多気佐々牟迤宮」とみえる。

『延喜式』の「竹佐々夫江（タケササムエ）神社」で祭神は、建速須佐之男《たけはやすさのお》命、大歳《おおとし》神、栲幡千々姫《たくはたちぢひめ》命。

多気《たき》郡は昔「たけぐん」とよんでいた。「真野の国・佐佐牟江社」は竹佐佐夫江神社だとされており「竹」は多気郡の意「佐佐夫江」は地名である。「真野」の地名は残っていない。また「佐佐夫江」も地名としては残っていないが「篠笛川」に名を残す。

『世記』の垂仁天皇二十七年条に「彼鶴（真名鶴）佐、牟江宮前之葦原中還行鳴」また「其鶴住処八握穂社造祠也」とみえる。真名鶴の話は、のちの伊雑宮、佐美長神社にも同様に現れる。二つの地に『世記』作者の混乱があるようだ。

竹大與杼《おおよど》神社　〔式内社〕〔村社〕（多気郡明和町大淀乙一）

『世記』にみえる「大与度社」。祭神は建速須佐之男命ほか二十一座といい、創始は垂仁天皇の御代にさかのぼると伝わる。

『世記』そこ（佐佐牟江宮）から大淀浦を航行するほどに、風浪なく海水が「大与度《おおよど》に与度《よど》美《み》て（浪立たず満々と湛えており）」船の航行が安全であったため、倭姫命は大いに悦び「大与度社」を定めた。

『世記』によると、アマテラスはここで「傍国可怜国也《かたくにのうましくに》。欲居是国《このくににおらんとほっす》（ヤマトからみれば辺境の地だが美しい国である。この国に留まりたいと思う）」と言う。この部分の言い回しは『紀』をそのまま引き写しているようである。

『神宮雑例集』に内宮の「大淀御厨」の名がみえる。

ACCESS●アクセス

竹佐佐夫江神社
斎宮歴史博物館から県道707号と県道510号経由　車で13分（Pあり）
・竹大與杼神社
斎宮歴史博物館から県道707号と県道510号経由　車で11分（Pなし）
竹佐佐夫江神社から県道705号経由　徒歩9分

◎伊勢国　佐佐牟江宮《ささむえのみや》

佐《さ》々《さ》牟《む》江《え》行宮跡（三重県多気郡明和町山大淀）

水田の中に、倭姫命の佐佐牟江宮だと伝わる地がある。「佐々牟江行宮跡」だ。行宮跡と記されてはいるが、佐佐牟江宮のこと。従って倭姫命の佐佐牟江宮の候補地は、竹佐佐夫江神社とここ佐々牟江行宮跡の二カ所である。

道路の案内表示には「佐々夫江行宮跡　Site of Sasafue Angu (Temporary royal palace) 100m」、現地の近接道路わきには「佐々牟江行宮跡」、跡地近くにある解説板には「佐々夫江行宮跡」、そして現地に建つ古い石碑には「竹佐々夫江旧跡　山大淀（正面）」「大正四年九月（右）」とある。表記が様々で興味深い。

現地解説板には「往時の状況はほとんどわかりません……ささふえという地名が今も伝えられていること、地元の伝承があることなども考えると、この周辺に佐々夫江行宮跡があったのだろうということは想像できます」と書かれている。

カケチカラ記念碑＝真名鶴伝説（多気郡明和町根倉）

「カケチカラ」とは、神社の玉垣にかけて神にささげた稲の初穂の束、懸け稲のこと。

　現在、伊勢神宮で十月の神嘗祭、十一月の新嘗祭において、稲穂を束ねたもの「懸《かけ》税《ちから》」を内宮・外宮の内玉垣や別宮の瑞垣に奉り、初穂の実りの感謝としているが、九世紀初頭にはすでに行われていたことが『儀式帳』よりうかがえる。そして、ここの真鶴伝説がカケチカラの起源だといわれている。

ACCESS●アクセス

佐々牟江行宮跡
カケチカラ記念碑
斎宮博物館より車で笹笛橋東交差点まで15分、そこから徒歩で1分（Pなし）

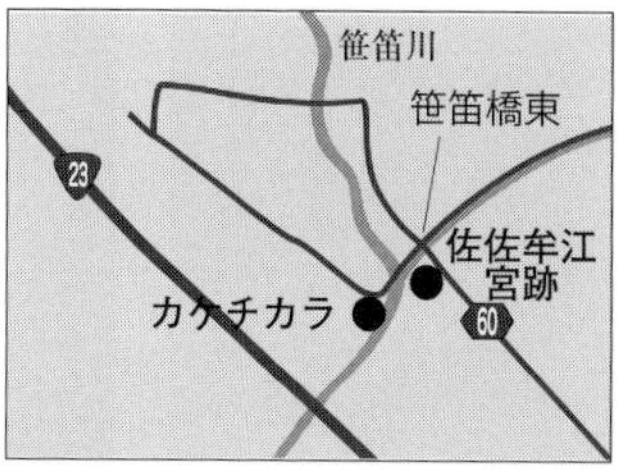

笹笛川《ささぶえがわ》

　多気郡明和町南部の丘陵にある溜池を源とし、町内中央部を北東流して伊勢湾に注ぐ。流長約一〇キロ。下流域に小笹が多く自生していたのでこの名がある。斎宮および周辺の灌漑に欠かせない川であった。

磯神社　［式内社］［郷社］（三重県伊勢市磯町一〇六九）

◎伊勢国　伊蘓宮《いそのみや》

この磯神社は、『世記』にある「伊蘓宮」の有力な候補地である。『延喜式』の「礒（イソノ）神社」。

祭神は、正殿に天照坐《あまてらします》皇大《すめおお》御《み》神《かみ》御魂《みたま》、相殿に豊受毘賣《とようけびめ》神、木花佐《このはなさ》久夜毘賣《くやびめ》神を、そして境内社として宇都志国玉《うつしくにたま》神、菊理姫《くくりひめ》神、大山《おおやま》津見《つみ》神を祀る。

創立は倭姫命が巡幸の際に伊蘓宮と称したことにより、垂仁天皇二十五年三月と伝わる。宮川の洪水により社地は度々場所を変えているという。

磯神社は、外城田《ときだ》川（右岸）と宮川（左岸）に囲まれた洲にあり、神社の北、外城田川の堤上わきに

は、小さな木造の鳥居（写真）がある。これは倭姫命が川から下船した場所であり、ここを通って磯神社に入ったという。

のちにアマテラスが伊勢神宮に落ち着いたとき、倭姫命が五十鈴の川上に斎宮を興した。これを「磯宮《いそのみや》」というと『紀』にみえる。これを伊蘇宮がここ磯神社であり『紀』に書かれた斎宮であるとの説もある。

ACCESS●アクセス

磯神社
伊勢神宮から国道23号経由
車で23分（Pなし）

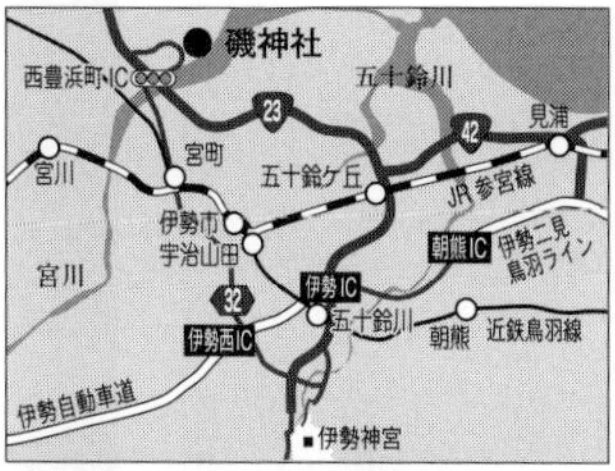

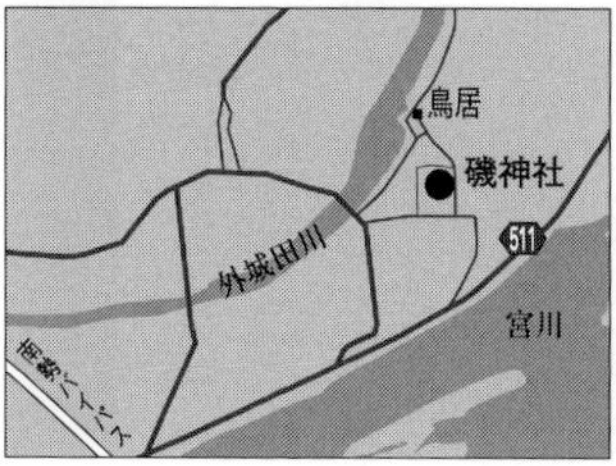

狭《さ》田《た》国《く》生《なり》神社

【内宮摂社（式内社）】（三重県度会郡玉城町佐田牛カウベ三三二）

『世記』にみえる「狭田社」。外城田川の神である速川《はやかわ》比古《ひこ》命と速川比女《ひめ》命、それに土地の守護神・山末御魂《やまずえのみたま》、この三柱が祭神である。地元では速川比古の意味で「はいこさん」と呼び親しまれている。

『延喜式』の「狭田國生（サタクナリ）神社」。

『世記』には、「そこ（宇久留《うくる》と名付けた所）より進んで速河彦に出会った。倭姫命が、お前の国の名は何というか、と尋ねたところ、畔広《あぜひろ》の狭田の国だと答えて、佐佐《ささ》上《がみ》の神田を献上した。そこに速河狭田社を定めた」とある。

ACCESS●アクセス

狭田国生神社

JR参宮線田丸駅から県道530号と県道717号経由　車で6分

坂手《さかて》国生《くなり》神社

【内宮摂社（式内社）】（三重県度会郡玉城町上田辺大山田二一四四－一）

『世記』にみえる「坂手社」。祭神は高水上命《たかみなかみ》。
『延喜式』の「坂手國生（サカテノクニナリノ、クナハ）神社」。
『世記』では「そこ（速河狭田社）より進んで高水神《たかみず》が参上するのに出会った。倭姫命が、お前の国の名前は何というか、と尋ねたところ、答えて、岳《おか》高田深《ふか》坂手の国だという。田上の御田を献上した。倭姫命はそこに坂手社を定めた」とする。

小高い丘にあり、坂を上った先にあることから社名がついたという。明治維新の頃までは、内宮の御料田・田上《たのえ》神田があり、毎年米十八俵を奉納していた。

地元では「さかだいさん」と呼び親しまれている。

ACCESS●アクセス

坂手国生神社
JR参宮線外城田駅から徒歩で28分
（Pなし）

御船神社

【内宮摂社（式内社）】（三重県多気郡多気町土羽南出五〇五）

『世記』にみえる「御船神社」。『延喜式』の「大神乃御船（オホカミノミフネノ）神社」であり、多気郡唯一の内宮摂社である。

祭神は大神《おおかみの》御蔭川《みかげがわ》神。内宮末社・牟弥乃《むみの》神社（祭神・寒川《さむかわ》比古《ひこ》命、寒川比女《ひめ》命、この二柱は外城田川の守り神）が同座する。

『世記』では「そこより進むと川が尽きた。その河の水は冷たかった。そこで寒川と名付けた。そこに船を停めて御船神社を定めた」。

寒川とは外城田川のことである。川が尽きたというのは外城田川の水源地がこの近くであったことをいう。現在この近くを流れている外城田川は、土地区画整備とあいまって、人工的な直線が目立つ。

地名の土羽《とば》は「鳥羽」と同様に泊《とばり》あるいは止場《とば》からきている。倭姫命が船を泊めた地として、土羽（泊）の地名が生まれた。志摩の鳥羽と区別して、笠木の土羽という。

加佐伎《かさき》（三重県多気郡多気町笠木）

『世記』に「そこ（御船神社）より進んだとき、笠を着けた。そこを加佐伎と名付けた」とある地名「加佐伎」が、現在の「笠木」である。『神鳳鈔《じんぽうしょう》』に「笠服庄」とみえ、『勢陽《せいよう》五鈴《ごれい》遺響』に「笠木ノ旧名 笠服トス」とあるが、これらの史料ははるか後世のものなので、単純に笠木の地名が倭姫命までさかのぼると考えることには慎重にならざるを得ない。笠木の近くに相鹿瀬（地名）がある。

相鹿瀬《おうかせ》（三重県多気郡多気町相鹿瀬）

倭姫命が大川（宮川）の瀬を渡ろうとしたとき、鹿の肉の塊が流れて来たので、これは悪いことだと言って渡ろうとしなかったという。

「大河瀬」、古くは「逢鹿瀬」とも書かれ、奈良時代から見える地名である。現在の〈多気町相鹿瀬〉は熊野街道が通り、宮川の左岸・北側に位置する。集落は東西に分かれている。

ACCESS●アクセス

御船神社
JR参宮線外城田駅から徒歩で11分

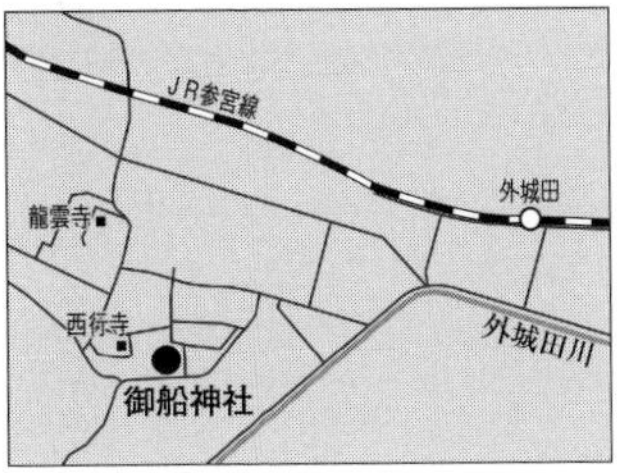

『世記』には、倭姫命が留まった宮だけでなく定めた神社ほか多くの逸話がみえる。ここでは、藤方片樋宮から最終地・五十鈴川上宮（内宮）までに登場する神社や逸話の地を列挙する。

◉は宮を、（　）内は候補地などを示す

◉藤方片樋宮　（加良比乃神社）
阿佐加　（阿射加　神社二　大阿坂町、小阿坂町）
◉飯野高宮《いいのたかみや》　（神山神社、神戸神館神明社が候補）
竹田国　（竹神社、元宮あり）
櫛田社　（櫛田神社、元宮あり）
魚見社　（魚見神社、魚海神社あり）
真名胡《まなご》神社　（奈々美神社、畠田《はたけだ》神社が候補）
◉佐々牟江宮《ささむえのみや》　（竹佐佐夫江《たけささぶえ》神社）
大与度《おおよど》社　（竹大与杼《おおよど》神社）
◉伊蘓宮《いそのみや》　（磯神社）
御塩浜《みしおはま》　（御塩殿神社、御塩浜）
狭田国
速河狭田社　（狭田国生《さたくなり》神社）
坂手国
坂手社　（坂手国生《さかてくなり》神社）
御船神社　（御船神社）
加佐伎《かさき》
大川の瀬
御瀬社　（多岐原《たきはら》神社）

◉瀧原宮　（瀧原宮《たきはらのみや》）
久求社　（久具都比売《くぐつひめ》神社）
園相《そない》社　（園相《そのお》神社）
水饗神社　（御食《みけ》神社）
堅多社　（堅田神社）
御塩山《みしお》　（音無山）
江社　（江《え》神社）
神前《かむさき》社　（神前《こうざき》神社）
矢田宮　（諸説あり）

なお、伊勢神宮に関連する神社、百二十五社の内訳は次のとおり。
皇大神宮（内宮）
豊受大神宮（外宮）
別宮十四社（内宮十社、外宮四社）
摂社四十三社（内宮二十七社、外宮十六社）
　式内社であったとされる神社
末社二十四社（内宮十六社、外宮八社）
所管社四十二社（内宮三十社、外宮四社、瀧原宮三社、伊雑《いざわ》宮五社）

第八章◎最終地へ

◎伊勢国　瀧原宮《たきはらのみや》

『世記』　倭姫命は、そこ（御瀬社）より進んで、美しい地に着いた。真奈胡神に「この国の名は何というのか」と尋ねると「大河（宮川）の瀧原の国」だと答えた。宇太の大宇祢奈にその場所の荒草を刈らせ、宮を造って天照大神を祀った。しかし「この地は私の欲する地ではない」との天照大神の仰せがあった。そこで倭姫命は、大河の南の道より、宮とすべき地を求めて進んだところ、美しい野に着いた。が、ここではないと惑い気落ちして、そこを和比と名づけた。

◎伊勢国　矢田宮《やたのみや》

『世記』　それ（上鹿乃淵と名付けた所）より矢田宮に進んだ。

◎伊勢国　家田田上宮《やたのたのうえのみや》

『世記』　次に家田の田上宮に移った。

『儀式帳』　宇治家田田《やたのた》上宮《かみのみや》坐支。

（矢田宮および家田田上宮の場所は不明。ただ内宮すぐ近くという地理的条件からすれば、両社はすぐ近くにあった可能性が高い）

◎伊勢国　奈尾之根宮《なおしねのみや》

『世記』　それ（家田田上宮）から進んで奈尾之根宮に留まった。

多岐《たき》原《はら》神社

【内宮摂社（式内社）】（三重県度会郡大紀町三瀬川久保海道九四）

『世記』にみえる「御瀬社《みせのやしろ》」であり『延喜式』では「多伎原（タキハラノ）神社」。

祭神は真奈胡《まなこ》神。

『世記』の記述を見てみよう。

「そこ（相鹿瀬《おうがせ》）より川上に向かって進むと、砂の流れの速い瀬があった。その時、真奈胡《まなこ》神が出迎えをして倭姫命の舟を渡した。その瀬を真奈胡の御瀬と名付け、御瀬社を定めた」

多岐原神社は瀧原宮の下流約六キロ、大紀町三瀬川の宮川に臨む崖の上に鎮座する。このすぐ下にかつて「三瀬の渡し」があり、神社の前を旧熊野街道が滝原へ向かっていた。三瀬の渡しは、江戸時代中期を最盛期として大正期には衰退、昭和三十年代に姿を消した。

神の岩　（多気郡大台町高奈）

倭姫命は宮川を舟で遡ったのか、それとも徒歩で上流へ向かったのか。伝承では舟で宮川を遡る途中、流れの中の「神の岩」という大岩の上で休んだという。

「神の岩へ　徒歩一〇分」の標識は見落としそうなほど小さい。その先に礼拝所があり、また集落の北のはずれに、この岩を下流やや遠方より見下ろせる眺めのいい場所がある。

ACCESS●アクセス

多岐原神社

瀧原宮から国道42号と県道747号経由
車で16分（Pなし）

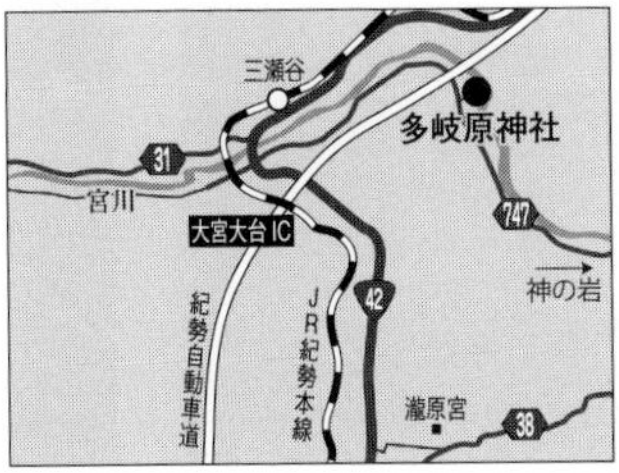

三瀬の渡しのあったといわれる場所

瀧原宮《たきはらのみや》【内宮別宮（式内社）】（三重県度会郡大紀町滝原八七二）

最終地へ

倭姫命はさらに真奈胡神の案内で進む。伝承では三瀬坂峠を越えたことになっており、滝原浅間山（標高七三四メートル）の西方、祝詞《のりと》山（標高五五四メートル）の頂に立った。山頂の大きな岩より眺めたともいうが「大河の瀧原の国」という美しい土地が見えたので、そこに宮を建てた。これが瀧原宮の起源であるという。祝詞山から発しているのであろうか、祝詞川という川が瀧原宮の南を流れている。御瀬社（多岐原神社）から祝詞山を経由し瀧原宮に来たとすると、あまりにも遠回りなので経路として疑わしい。

さて瀧原宮（写真手前）であるが、祭神は天照大御神御魂《あまてらすおおみかみのみたま》で、瀧原竝宮《たきはらのならびのみや》（同奥）の祭神も同じである。両社はそれぞれ天照大神の和魂《にぎみたま》、荒魂《あらみたま》を祀るといわれる。また両社と

もに「大神の遥宮《とおのみや》（遠隔の宮）」とされている。

ここには四社があり、参拝の順は、瀧原宮、瀧原竝宮、若宮神社そして長由介《ながゆけ》神社（同座・川島神社）である。

そののち、倭姫命は天照大神の神意により伊勢に引き返したので、滞留期間は長くはなかった。『太神宮諸雑事記《だいじんぐうしょぞうじき》』には天平宝字六年（七六二）の洪水の記事があるので、当社の創始はこれ以前である。

ACCESS●アクセス

瀧原宮

伊勢神宮から伊勢自動車道、紀勢自動車道と国道42号経由　車で43分

（Pあり）

久《く》具《ぐ》都《つ》比《ひ》賣《め》神社

【内宮摂社　（式内社）】（三重県度会郡度会町上久具久具都裏二一一）

『世記』にみえる「久求《くぐ》社」。祭神は、久具都比女《ひめ》命、久具都比古《ひこ》命、御前《みまえ》神。

『延喜式』の「久々都比賣（ク、ツヒメノ）神社」。

『世記』瀧原宮から移ったところ、久求都彦が参上した。倭姫命が「お前の国は何というか」と尋ねたところ「久求小野」と答えた。

　宮川のほとりであるこの場所に久求社を定めた。ここに久具の御厨があったともいう。

　宮川は倭姫命に関する逸話が多く、アマテラス（内宮）と関係が深そうであるが、実際には外宮の禊《みそぎ》の川であった。

ACCESS●アクセス

久具都比売神社
伊勢自動車道玉城ICから県道65号経由車で10分（Pなし）

最終地へ

園相《そない》神社

【内宮摂社（式内社）】（三重県伊勢市津村町白木七二三）

現在では「そない」とよむのが正式だが「そのお」とも呼ばれる。『世記』にみえる「園相社」で、『儀式帳』には「園相神社」とある。『延喜式』では「園相（ソノアフノ）神社」。祭神は曽奈比《そない》比古命、御前神《みまえのかみ》。『世記』、その時、久求都彦《くぐつひこ》が「宮とすべき良い所（大《おお》宮処《みやどころ》）がある」と言った。倭姫命がそこに行ったところ園作神《そのつくりのかみ》（曽奈比比古命のことで産土神）が参上し、御園としての地を献上した。倭姫命はその地のことを悦び、園相社を定めた。

「白木さん」「しろきの宮」とも呼ばれ、地元で親しまれている。

ACCESS●アクセス

園相神社
伊勢自動車道玉城ICから県道169号と県道22号経由　車で11分（Pあり）

忘れ井（水饗《みあえ》神社旧跡）

（三重県伊勢市大湊町）

そこ（忌楯《いみたて》小野）より進まれると、小さな浜があった。そこに鷲を取る老人がいた。そのとき倭姫命は御水が飲みたいと思い、老人にどこに良い水が湧き出ているのか、とお尋ねになった。その老人は冷たい水を以て御饗《みあえ》とした。倭姫命はこれを褒《ほ》め、その地の河口に水饗神社を定め、またその浜の名を鷲取《わしとり》小浜と名づけられた。（『世記』）

「水饗神社」は水戸御饗都神を祭神とし、清水を汲む「忘れ井」があったが、明治四十年に日保見山八幡宮に合祀され、境内社として祭られる。「水饗神社」の跡地には石碑と井戸の跡があり、次のように刻まれている。

（表）水饗神社　忘れ井（裏）大正八年十月

菊川安之助建之　石松長治郎刻

鷲ケ浜　〔伊勢市大湊町日保見山〕

日保見山八幡宮の北の海岸。倭姫命がこの地大湊に立ち寄った際、飲み水を求めたことは、先に述べた（前頁）。その後、鷲ケ浜と呼ばれるようになり、平成十四年には現在の堤防が完成。ウミガメの産卵地としても有名になっている。

日保見山八幡宮には後陽成天皇の宸《しん》筆があることから、十六世紀後半よりも以前の創建とわかり、古くから大湊の産土神として尊崇されてきた。

ACCESS●アクセス

忘れ井と日保見山八幡宮
伊勢自動車道・伊勢ICよりから国道23号と県道747号経由車で16分

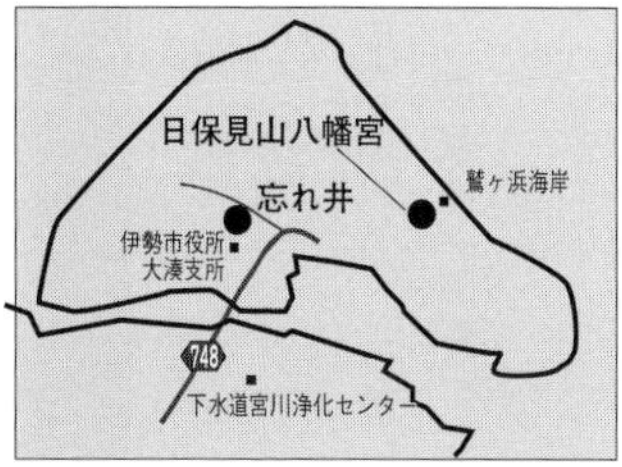

日保見山八幡宮〔伊勢市大湊町七八六〕

御食《みけ》神社

【外宮摂社（式内社）】（三重県伊勢市神社港南小路一）

『世記』にみえる「水饗《みあえ》神社」。『延喜式』では「御食（ミケノ）神社」とある。「御食」は一般的には「みあえ」とよむ場合と「みけ」とよむ場合があるが、この社の場合、以前は「御饗《みけ》」と書いたこともあったようだ。

祭神は水戸御饗都《みなとのみけつ》神であり、これは「速秋津《はやあきつ》比古神・速秋津比売神」のことととされている。

水戸とは水門のことであり、海水の入り込む港だという。古来海の玄関として栄えた。倭姫命ゆかりの清水「辰の井」がある。火除けの神としても信仰が厚い。

ACCESS●アクセス

御食神社
JR参宮線五十鈴ケ丘駅より国道23号経由　車で10分（Pなし）

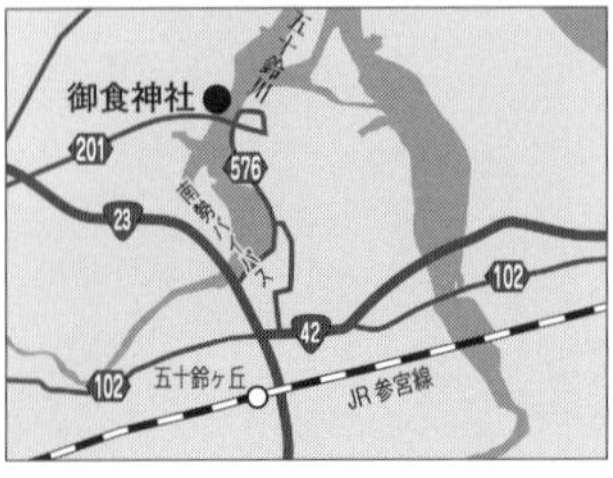

堅田神社《かただ》

【内宮摂社（式内社）】（三重県伊勢市二見町茶屋堅田四四二―二）

『世記』にみえる「堅多社《かたた》」。

『延喜式』の「榎村（エムラノ、エ）神社」あるいは「度會《わたらい》乃大國玉比賣（オホクニタマヒメノ）神社」と考えられる。

祭神は佐見都日女《さみつひめ》命。

『世記』では、土地の神・佐見都日女命に出会い「お前の国はなんというのか」と尋ねた。相手はその言葉も聞かず、答えもしないで堅塩（硬い固形の塩）を差し出した。それでも倭姫命は堅多社を定めた。

　佐見都日女命の倭姫命に対する態度は、自らの意思で堅塩を献上したのではないという、抵抗の意思表示だったが、自分の土地は献上した。これにより、以後、この辺りで神宮に納める塩を生産することになる。

ACCESS●アクセス

堅田神社
JR参宮線二見浦駅より徒歩12分

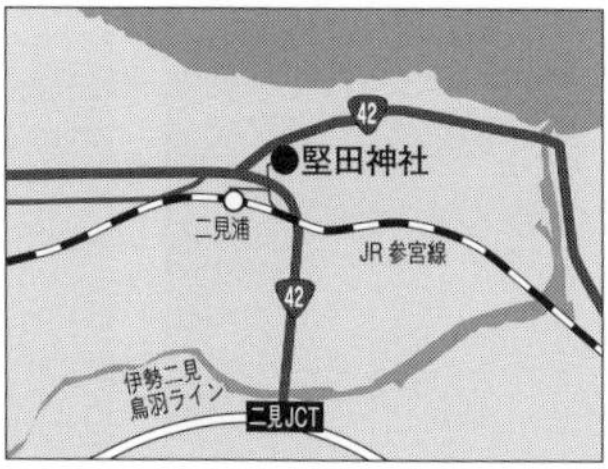

御《み》塩《しお》殿《でん》神社

【内宮所管社】（三重県伊勢市二見町荘唐剣山二〇一九―一）

読み方は、神社は「みしおでんじんじゃ」、御塩殿については「みしおどの」が正しい。

『世記』大若子命は、その浜を御塩浜とし、また山を御塩山と定めた。

『世記』にみえる御塩浜はこのあたりか。祭神は御《み》塩殿鎮守神《しおどののまもりのかみ》、またの名を塩土翁《しおつちのおきな》だという。

解説では「域内に内宮の御料の御塩を調製する御塩殿、御塩焼所、御塩汲み入れ所がある。御料の御塩は、夏の土用に町内の西地区にある御塩浜から運ばれた塩分の濃い海水を御塩汲み入れ所（写真右）におさめ、これを御塩焼所（左）で荒塩に焼く。（二つの建物は、天地根元造《てんちこんげんづくり》である）さらにこの御塩を、毎年三～四回御塩殿において三角型の土堝《つぼ》をもって堅塩に焼き固めて、これを御料に供えている。なお御塩の調進は昔から神領二見郷の住民が奉仕している」という。

古くはここ御塩殿神社の背後の海岸を御塩浜としていたが、近世以降は現在の御塩浜（次頁）から砂塩を御塩焼所に運び、荒塩に焼き上げ御塩殿で堅塩にする。

方丈記で有名な鴨長明《かものちょうめい》が文治《ぶんじ》二年（一一八六）頃ここを訪れ歌を詠んだ。

二見潟　神さびたてる　御塩殿　幾千代みちぬ
松かげにして

▲御塩殿神社本殿（上）、鴨長明の歌碑

ACCESS●アクセス

御塩殿神社
JR参宮線二見浦駅から県道102号経由徒歩で17分（Pなし）
・音無山公園　JR参宮線二見浦駅から国道42号経由　徒歩で18分（Pあり）
・御塩浜　御塩殿神社から徒歩21分（Pなし）

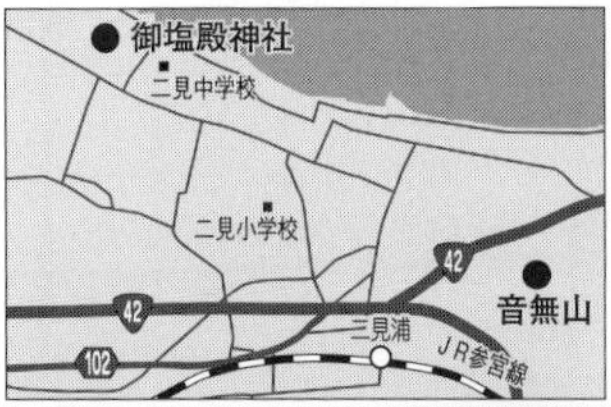

現在の御塩浜《みしおはま》（伊勢市二見町西）

五十鈴川河口に近い右岸（東）に、広さ六、六〇〇平方メートルの御塩浜がある。御塩殿神社からは徒歩二十分、距離にして約一・六キロ。

音無山（伊勢市二見町茶屋）

『世記』にみえる御塩山のこととされ、塩を焼く木はここで伐ったと伝わる。標高は一一九・八メートル。

倭姫命が佐見都日女《ひめ》に国の名を問うた時、かたくなに答えなかった話は堅田神社のところで述べたが、このことから「音無山」の名がついたという。

いまも続く「塩」のつくり方

一、「採鹹《さいかん》」作業

七月～八月、一週間かけて塩を採る。冠水させた浜から水を抜くと、海水を含んだ砂が残る。これを集めてさらに海水を注ぎ、濃度の高い塩水を得る。これを鹹水という。

二、「荒塩」づくり

鹹水は、御塩殿神社の御塩汲入《くみいれ》所に運び込んで貯蔵する。次に隣の御塩焼所で、大きな平釜を使って炊き上げ、荒塩にする。

三、「堅塩《かた》」に仕上げる

御塩殿では、荒塩を三角錐の土器に詰めて焼き固め、堅塩に仕上げる。

この塩は、穢れに触れぬよう定められた「御塩道」を通って外宮の斎館に運ばれる。御塩はお供えや清めのために用いられる。

▲五十鈴川の下流

江《え》神社

【内宮摂社　（式内社）】（三重県伊勢市二見町江明神奥九九二）

『世記』にみえる「江社《えのやしろ》」で音無山の東麓に位置する。

『延喜式』の「江（エノ）神社」。

祭神は、長口女命《ながくちめ》、大歳御祖命《おおとしのみおや》、宇加乃御玉命《うかのみたま》。

『世記』五十鈴川の河口に入った時、佐美川日子《さみつひこ》が迎えた。河の名を聞くと「五十鈴川の河口だ」と答えた。その場所に江社を定めた。

五十鈴川の河口で入り江になっているところから、この社名があるという。入江を巻いて松が並んでいることから「蒔絵《まきえ》（巻江）の明神」とも呼ばれている。

ACCESS●アクセス

江神社
JR参宮線松下駅から国道42号経由
徒歩で22分（Pなし）

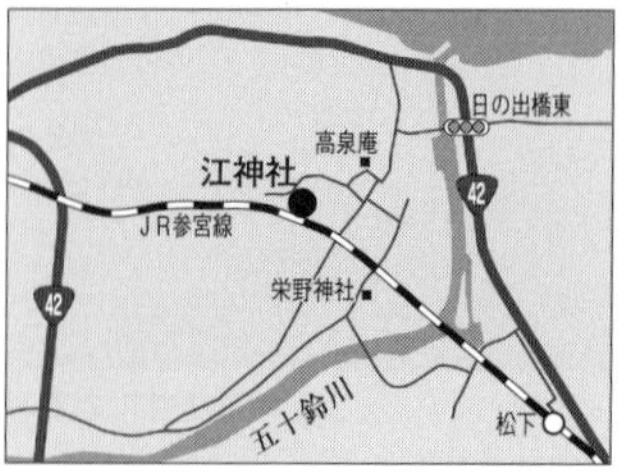

神前《こうざき》神社【内宮摂社（式内社）】（三重県伊勢市二見町松下尾谷一四〇七ー五）

『世記』にみえる「神前社」。
『延喜式』の「神前（カミサキ、カムサキ）神社」。
『世記』荒崎姫にここで会い、倭姫命が「国の名は何か」と問う。答えて「皇太神《すめおおかみ》御前《みまえ》の荒崎」。倭姫命は「恐れ多いことだ」と言って神前社を定めた。

祭神は荒前《あらさき》比賣《ひめ》命。末社の許母利《こもり》神社と荒前《あらさき》神社が同座する。これらの神は海岸鎮守のため、もとは海岸近くに祭られていたが、浸水により小井戸口山の頂に遷された。標高は約一〇〇メートルである。この山の登り口は分かりづらく、長い急な石段がある。

ACCESS●アクセス

神前神社
JR参宮線松下駅から国道42号経由
徒歩で19分（Pなし）

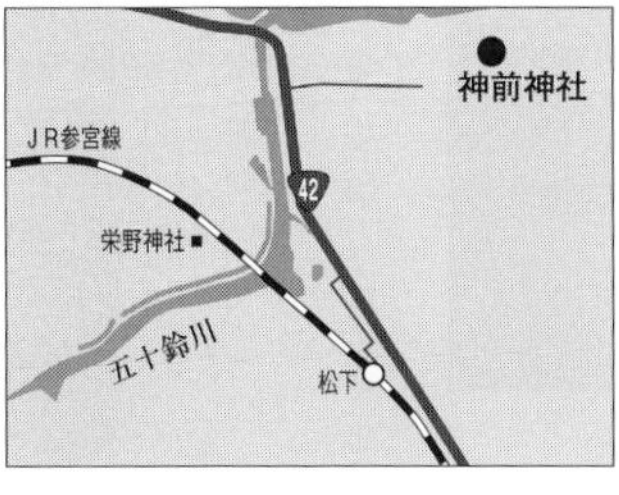

◎伊勢国　矢田宮《やたのみや》

子安地蔵尊・家田地蔵尊（三重県伊勢市楠部《くすべ》町）

矢田宮の場所は、神宮神田の後方（南側）の小高い山、忌《ゆ》鍬山《ぐわやま》の山頂上付近だという説がある。

神宮神田と四郷《しごう》小学校の間の道を、一キロほど山道を歩くと、二つの地蔵尊に至る。即ち子安地蔵尊（左）・家田地蔵尊（右）である。その先へは行けない。

地蔵尊への途中には、山の頂上らしき場所が少しばかり平らな地形になっており、この平地に矢田宮があったのではないかともいわれている。

▲子安地蔵尊・家田地蔵尊に行く途中にある、山頂の平地

神宮神田と口矢田の森

〔三重県伊勢市楠部町〕

◎伊勢国　矢田宮《やたのみや》

矢田宮・家田田上宮の矢田、家田はどちらも「やだ」とよめる。このことから地名に混同・混乱が生じているのではないかと思われる。また『世記』には、この辺りの滞在期間の記述も逸話もない。二つの宮は、神宮神田の近くにあったといわれている。神宮神田は、神宮の御料米を作る田である。

神宮神田東側に沿った道を徒歩にて南へ進み、近鉄の高架をくぐって更に行くと、少しばかり開けた田がある。矢田川という川が流れ、あたりは「口矢田の森」と呼ばれている。ここも矢田宮の候補地である。

▲神宮神田〔伊勢市楠部町乙—1011〕

▲口矢田の森〔伊勢市楠部町〕

ＡＣＣＥＳＳ●アクセス

神宮神田（見学不可）

伊勢神宮（内宮）から県道715号経由

車で12分（Ｐなし）

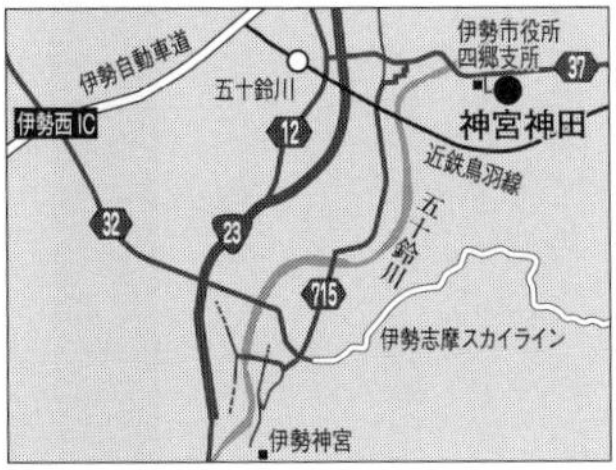

ＡＣＣＥＳＳ●アクセス

地蔵尊と山頂の平地との位置関係

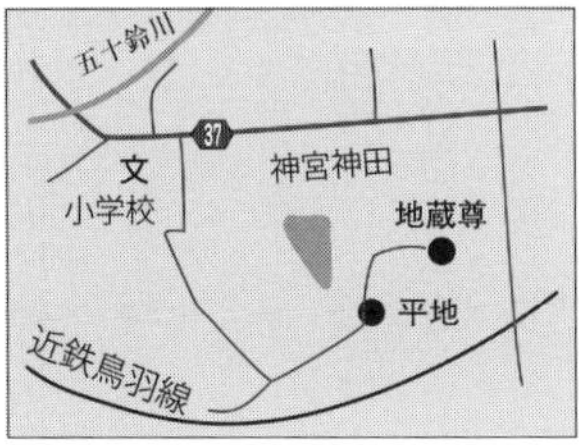

▲大土御祖神社、国津御祖神社、櫲樟尾神社の全景、手前は五十鈴川

家田田上宮の候補地

〔三重県伊勢市楠部《くすべ》町〕

◎伊勢国　家田田上宮

家田田上宮は「やたのたのうえのみや」あるいは「やたのたかみのみや」と読む。神宮神田の北西のすぐ近く、五十鈴川右岸に、大土御祖神社、国津御祖《くにつみおや》神社、櫲樟尾《くすお》神社が一つのまとまりのように鎮座する。さらに大土御祖神社と国津御祖神社の二社は同じ敷地内にあり、昔かなり広かった社域は、次第に狭まったのだという。

家田田上宮については、大土御祖神社と櫲樟尾神社が候補地とされる。

大土御祖《おおつちみおや》神社〔内宮摂社（式内社）〕〔楠部町尾崎二一三二〕

『延喜式』の「大土（オホツチノ）御祖神社」。祭神は、大国玉命、水佐佐良比古《みずささらひこ》命、水佐佐良比賣《みずささらひめ》命である。

大土御祖神社は、倭姫命が下船したという船着場だとの伝承もあり、ここから家田田上宮に入ったといわれる一方で、この神社自体が家田田上宮だという伝承もある。

▲大土御祖神社

▲国津御祖神社

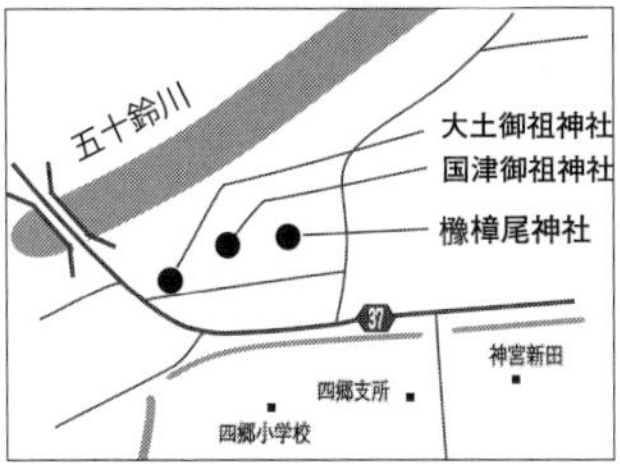

▲3つの神社の位置関係

▲櫲樟尾神社

次頁で紹介する、以前皇女の森にあった宇治乃奴鬼《うじのぬき》神社は、ここに遷され祀られている。

国津《くにつ》御祖神社〔内宮摂社（式内社）〕〔楠部町尾崎二一三二〕

『延喜式』の「國津（クニツ）御祖神社」。大土御祖神社の同域にあり、祭神は、宇治比賣命、田村比賣命である。

櫲樟尾神社〔楠部町一〇〇五－三〕

伊勢神宮には属していない。つまり百二十五社の中に入らないということである。祭神は櫲樟尾乃大神、樛木《さがりき》乃大神、田上乃大神、大山祇《おおやますみ》大神、月峯乃大神で、読みは現地案内による。

創建は、八王子社に祀られた氏神の櫲樟尾神と田上社（田上神）との合祀による。八王子社については不明だが、同社の旧跡地が近くにある。神社の伝承によると、田上神は倭姫命の「家田田上宮」の守護神で、楠部の産土神《うぶすながみ》として近くで祀られ、信仰されてきたという。

皇女《こうじょ》の森

栲幡《たくはた》皇女の悲しい伝説が残る。舞台は楠部《くすべ》町、五十鈴川のほとりである。日本書紀の記述を見てみよう。

雄略天皇三年夏四月条

阿閉臣《あへのおみ》国見が、斎王・栲幡皇女に仕える盧城部連《いほきべのむらじ》武彦を「皇女をけがして妊娠させた」と譏言《ざんげん》し、事の重大さを恐れた武彦の父は息子を殺してしまう。

天皇は使者を遣わし皇女を調べさせた。皇女は「私は知りません」と答え、急に神鏡を持って逃げ、五十鈴川のほとりの人気のない所に鏡を埋めると首をくくって死んだ。使者が神鏡と皇女の亡骸を見つけ調べると腹に水があり、水の中には石があった。この場所が「皇女の森」だといわれる。武彦の罪も晴れたが、父親は子を死なせたことを悔い、報復として国見を殺そうとする。国見は石上神宮に逃げ隠れた。

現在は森というより田の中の茂みといった風情である。木は低く伐られ、「宇治乃奴鬼《うじのぬき》神社跡」の小さな石碑が立つ。この宇治乃奴鬼神社はここから大土御祖社に遷されたと考えられる。『勢陽五鈴遺響《せいようごれい》』は、ここが家田田上宮の伝承地だとの可能性を示唆する。

那自賣《なじめ》神社

【内宮末社】（三重県伊勢市中村町西垣外九一八）

◎伊勢国　奈尾之根宮《なおしねのみや》

『世記』にみえる「奈尾之根宮」の候補地である。矢田宮、家田の田上宮と同様、内宮のすぐ近くとの理由から、創作の可能性が高い。また次は最終地の五十鈴川上宮《いすずのかわうえのみや》（内宮）であるが、余りにも近くで、倭姫命は目的地を前にして足踏みしているかのようである。

同社は、宇治山田《ようだ》神社（祭神・山田姫命《やまだひめ》）に同座しており、こちらは「興玉《おきたま》の森」と地元で呼ばれている。祭神は大《おお》水上御祖命《みなかみみおや》、御裳乃《みもの》須蘇《すそ》比賣命。二神とも五十鈴川の川水の守り神である。

那自賣神社、宇治山田神社ともに倭姫命が定めたという伝承がある。

ACCESS●アクセス

那自売神社
伊勢神宮から県道715号経由
車で13分

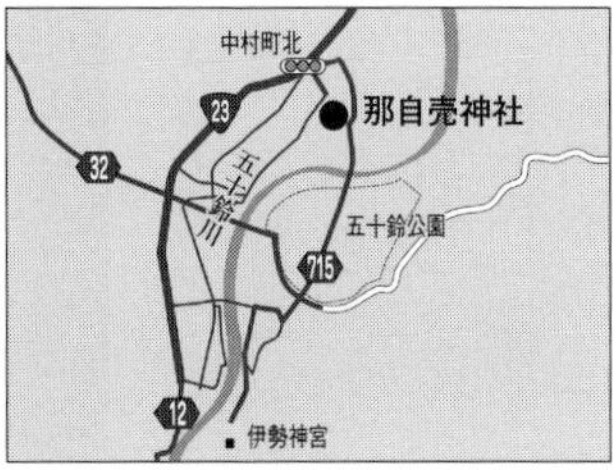

津長神社

【内宮摂社（式内社）】（三重県伊勢市宇治今在家町柏崎一五三一ー一）

◎伊勢国　奈尾之根宮《なおしねのみや》

『延喜式』の「津長（ツナカノ）大水神社」。

これも『世記』にみえる「奈尾之根宮」の候補地。『延喜式』には「津長（ツナカノ）大水神社」とみえる。

祭神は栖長《すなが》比賣命。伊勢神宮・内宮のすぐ近くに位置する。内宮末社の新川《にいかわ》神社（祭神・新川比賣命）と石井《いわい》神社（祭神・高水上命《たかみなかみ》）が同座する。

この辺りは昔、津長原と呼ばれており、五十鈴川を遡上《そじょう》する船の船着場があったという。倭姫命もここに上陸し、これら三社（津長神社・新川神社・石井神社）を定めたという。

ACCESS●アクセス

津長神社
内宮 宇治橋から県道12号経由
徒歩で2分（Pなし）

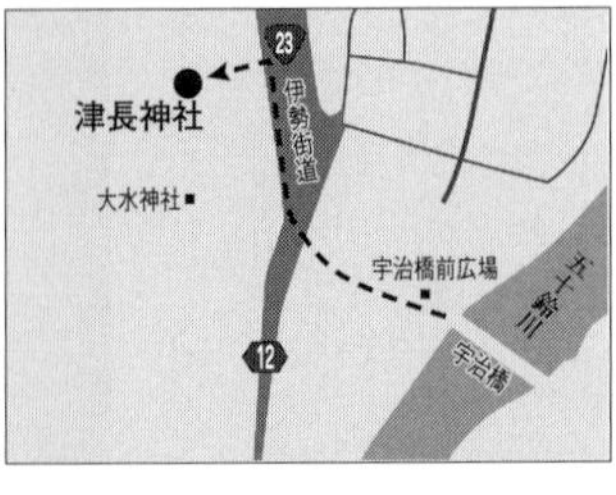

最終地へ

第九章◉到着

◉伊勢国　五十鈴川上宮《いすずのかわうえのみや》

『紀』垂仁天皇二十五年条

是の神風の伊勢国は、常世《とこよ》の浪の重浪《しきなみ》帰《よ》する国なり。傍国《かたくに》の可怜《うま》し国なり。是の国に居らむと欲《おも》ふ

皇大神宮（内宮）［式内社］（三重県伊勢市宇治館町一）

◎伊勢国　五十鈴川《いすずのかわ》上宮《うえのみや》

到着

長い歳月を経て、倭姫命は天照大神を祭る地にたどり着いた。ここが即ち伊勢神宮の内宮である。『世記』では、倭姫命の出発から三十七年かかっている。

伊勢神宮については多くの書籍、解説書があるので、詳細はそちらに譲りたい。本書では簡単に記すことにする。

伊勢神宮は、明治四年七月の神祇通達によって「神宮」を正式名称とし、内宮は「皇大神宮」、外宮は「豊受大神宮」と定められた。内宮は『延喜式』に「太神宮（オホムカムノミヤ）三座」とみえるので式内社の一つである。正殿に天照大神を祭り、相殿神として東に天手力男《あめのたぢからお》神、西に万幡豊秋《よろずはたとよあき》津《つ》姫《ひめ》命を祀る。千木は内削

ぎで鰹木は十本。正殿の周りは外から板垣、外玉垣、内玉垣、瑞垣と四重に囲まれており、外宮も同様である。

各史料は、倭姫命のこの地への到着をどのように記しているだろうか。

『紀』垂仁天皇二十五年条

時に天照大神、倭姫命に誨《をし》へて曰はく「是の神風の伊勢国は、常世《とこよ》の浪の重浪《しきなみ》帰《よ》する国なり。傍国《かたくに》の可怜《うま》し国なり。是の国に居らむと欲《おも》ふ」とのたまふ。故《かれ》、大神の教の随《まにま》に、其の祠《やしろ》を伊勢国に立てたまふ。因りて斎宮《いはひのみや》を五十《い》鈴《すず》の川上《かはのほとり》に興《た》つ。是を磯宮《いそのみや》と謂ふ。則ち天照大神の始めて天より降ります処なり。

訳

そのとき天照大神は倭姫命に教えて言われるには「伊勢の国はしきりに波の打ち寄せる国、国の中心ではないが美しい国である。だからこの国に居たいと思う」と。そこで大神のいう通りに、祠を伊勢に建てられた。

ACCESS●アクセス

内宮

近鉄鳥羽線五十鈴川駅から県道715号線経由　車で5分（有料Pあり）

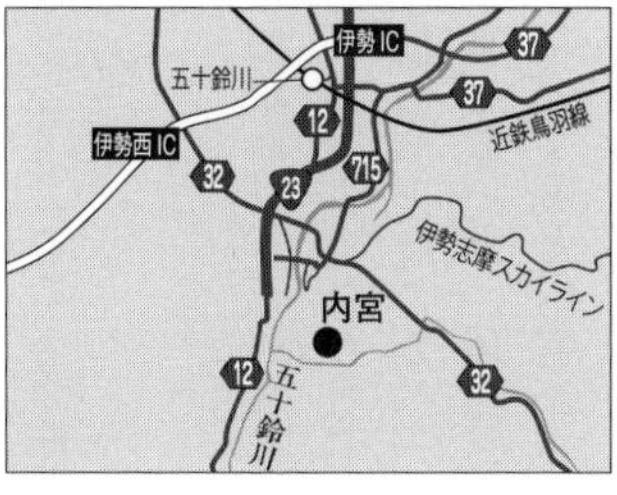

そして斎宮を五十鈴川のほとりに建てた。これを磯宮という。これが天照大神が初めて天よりお下りになったところである。

『世記』

二十六年丁巳《ひのとみ》冬十月甲子《きのえね》、天照大神を度遇《わたらひ》の五十鈴《いすず》の河上に遷し奉る。

『儀式帳』

伊須々乃川《いすずのかわ》…川上《かわかみ》…大宮地《おおみやどころ》。

到着という意味合いの文言はみられない。ただ到着地を五十鈴川の川上とのみ示している。

到着について、『紀』は垂仁天皇二十五年のところ、『世記』はその翌二十六年になっている。この二十五年は西暦になおすと紀元前五年であり、伊勢神宮は約二千年の歴史を持つという。

では、倭姫命はどこに本拠地を置いたのか。概略は伊蘓宮のところで述べた。

因《より》て　斎宮《いつきのみや》を宇治の　県《あがた》　五十鈴《いすず》の川上の大宮の際《ほとり》に興《た》て、倭姫命をして居《ま》さしめたまふ。(『世記』)

こうして無事目的を遂げた倭姫命は、天照大神を祀るすぐそばに斎宮を設け、自身がそこに住む(『紀』『世記』)。この斎宮を「磯宮」と呼んだ。一説に磯宮は倭姫命の巡幸中に宮を置いた「伊蘓宮(磯神社)」だというが、そうだとすると内宮からは遠い。巡幸を終えたのちに倭姫命が落ち着いた斎宮は、天照大神を祀る神域内、あるいは隣り合わせにあったと考える方が納得しやすい。

しかし斎宮が天照大神の近くにある場合、当初の話に戻るが、天照大神と寝起きを共にするような生活をした崇神天皇の「同殿共床」と状況は似てくる。天照大神の強い力が倭姫命を圧倒し、倭姫命を悩ますことはなかったのだろうか。

アマテラスを祭る地が定まり斎宮を置いた倭姫命は、祭りのための経営および制度の整備に取り掛かったといい、この後も『世記』には、倭姫命に関する叙述が時々書かれている。

ヤマトタケルについて

姨の倭姫命は東征するヤマトタケルに剣を渡す。『世記』を素直に読むと景行天皇二十八年であるから御室嶺上宮を出発してから百三十八年目となる。この場面を『世記』はどう書いたであろう。『世記』景行天皇二十八年戊戌《つちのえいぬ》春二月、暴ぶる神多《さは》に起りて東の国安からず。冬十月壬子《みづのえね》朔癸丑《みづのとうし》、日本武尊発路《みちたち》したまふ。戊午《つちのえうま》道を枉《ま》げて伊勢大宮《おほむかみ》を拝む。よりて倭姫命に辞《まかりまを》して曰く「今天皇の命を被《うけたまは》りて、東に征きて将《まさ》に諸の叛く者を誅《つみな》はむとす。故《か》れ辞す」と。ここに於いて倭姫命、草薙剣を取りて、日本武尊に授けて宣《のたま》はく「慎め、莫怠《なをこたり》そ」と。

私幣禁断

天皇のほかは伊勢神宮に対して、私の幣帛《へいはく》を捧げることを禁じた制度。『儀式帳』にみえる。三后、皇太子といえども勅裁《ちょくさい》を必要としたが、庶民の参拝を拒むものではない。この制度が創始の頃から続いていたとすれば、例えばヤマトタケルが自らの意思で伊勢神宮の倭姫命に会うことは不可能であったし、大津皇子が姉の大来皇女に会うことは重大な犯罪だったことになる。

倭姫命に対する土地などの献上

『世記』にはしばしば「地口御田を進む」とみえる。地口が何かは不明だが、人口などの意味での「人」とした場合「田とそれを耕す人とを献上した」となる。従って本書ではこれを「人と田を献上した」と訳すことにした。

神領

神社の所有地。とりわけ中世から近世にかけて神社の経済基盤となった土地を指す。具体的には社領、荘園、御厨、朱印地といった形をとる。

豊受大神宮（外宮）

［式内社］（三重県伊勢市豊川町二七九）

外宮の祭神は豊受大御神《とようけのおおみかみ》。トヨウケヒメとも呼ばれるこの女神にはどんな伝承があるのだろう。倭姫命には直接に関係ないと思われるが、少し触れておきたい。『丹後国風土記』逸文に次のような話がある。

丹後国丹波郡での出来事である。天女が八人、山の頂にある泉で水浴をしていた。老夫婦がそのひとりの衣を隠してしまった。衣を隠された天女は恥ずかしさに動けず、そこに留まった。老夫は「私たちには子がないので、我が子になってくれ」と頼んだ。十年余り共に住み、天女は万病に効く酒を造り家は豊かになった。が、ある日、夫婦は天女に言う「お前は我が子ではないから出ていけ」。天女は失意のうちに村々を歩き、やっと心の落ち着いた所に住んだ。

少々酷な話だが、この天女を竹野の郡の奈具

到着

の社に祀られる豊宇賀能売《とようかのめの》命だとする。奈具の社は現在の奈具《なぐ》神社ともいわれ、豊宇賀能売命は豊受大神だというのである。これが第二十一代雄略天皇の御世に伊勢に招かれ、外宮となった。奈具神社は、豊鍬入姫が奉斎した但波国吉《よ》佐宮《さのみや》の数ある候補地の一つである。

　さて、外宮は豊受宮、度会《わたらい》宮ともいい『延喜式』には「渡會宮（ワタラヒノミヤ）四座」とある。伊勢市山田に鎮座し五穀豊穣の神である。『止《と》由気《ゆけ》宮儀式帳』によると、雄略天皇の夢に天照大神のお告げがあり、朝夕に奉る御饌《みけ》の神として、その二十二年（四七八）、丹波国比治の真《ま》名《な》井《い》原から今の山田原に遷座されたという。因みに、この『止由気宮儀式帳』は外宮の由来や年中行事、祠官の職掌などを詳しく記した書で、延暦二十三年（八〇四）、禰宜・五月麻呂らが神祇官に提出したものである。

　正殿に豊受大御神を祭り、また相殿には天津彦火瓊瓊杵《ほのににぎ》尊、天児屋根命、太玉命の三座を祭るとする見解がある。千《ち》木は外削ぎで鰹木は内宮よりも一本少ない九本。

　伊勢神宮には「外宮先祭」といって、祭りでも参拝でも外宮から先に行うという慣わしがある。

ACCESS●アクセス

外宮

近鉄宇治山田駅から徒歩10分

JR、近鉄伊勢市駅から徒歩5分（P あり）

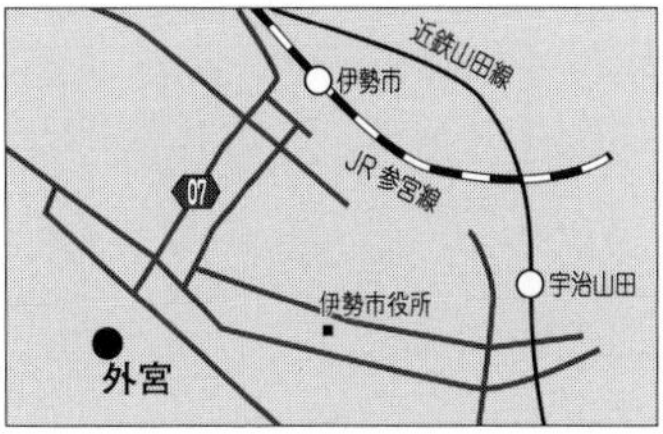

伊勢神宮の歴史

伊勢神宮は二千年の歴史があるといわれる。根拠は日本書紀に求められる。『紀』によると、伊勢神宮が定められたのは垂仁天皇二十五年。これは西暦にすると紀元前五年である。即ち約二千年前に創設されたことになる。

伊勢神宮についての一般論のうち、次の三つについて、皆さんはどうお考えになるだろう。

① 伊勢神宮は、必ず二十年ごとに遷宮をして現在に至る。

② 伊勢神宮の正殿には釘が全く使われていない。

③ 伊勢神宮は昔と寸分《すんぶん》違《たが》わぬ形で連綿と受け継がれている。

実際はどうだったのか。

① 例えば中世には、戦乱の為に百年以上も遷宮がなかった。

② 装飾を取り付ける為などに釘は使われている。

③ ①とも重なるが、戦乱により、建物の細部にあいまいな部分が生じたとしても不思議ではない。

伊勢神宮を訪れた天皇

伊勢神宮は皇室の祖神を祀るところであるが、参拝した天皇は驚くほど少ない。

持統天皇のほか、明治、大正、昭和、平成、令和の時代に時の天皇が訪れている。

斎王は伊勢における天皇の代理という理由で、天皇の参拝はほとんどないとする説は強い。しかし、この説は斎王制度が十四世紀に消滅して以降も、天皇の参拝が増えていないことと矛盾する。

式年遷宮の理由

式年は定められた年という意味である。式年遷宮とは定められた期間ごとに神が遷ることであり、また造り変えることを式年造替という。

何故式年遷宮が二十年に一度行われるのか。その理由についてははっきりしないが、次のような説がある。

①社殿の耐久年数によるとする説。
②宮大工を始め諸般の技能を次世代に継承させるためとする説。
③古代の宮殿が一代ごとに遷された。それがだいたい二十年だとする説。
④古代では人も暦も二十年が一区切りだとする考えが強かったとする説。

どの説ももっともではあるが、本殿掘っ立て柱の耐久性と、神社そのものの再生がキーワードになるのではないかと思う。

心《しん》の御柱

皇室も伊勢神宮もそうだが、はじめから天照大神を祖神として祀っていたのかと考えれば、そうとも言えない。内宮・外宮の本殿の下には「心の御柱」という柱が立っており、遷宮後の古殿地《こでんち》にも「覆い屋」の中にそのまま残されているという。

また「心の御柱」を祀る行事は内密に行われるようで、この「心の御柱」こそが、そもそもの伊勢神宮の祭神だとする考えもある。一説に高皇産《たかみむす》霊《び》尊ではないか、ともいう。

神《かん》麻《お》続《み》機殿《はたどの》神社

【内宮所管社】〔三重県松阪市井口中町井出ノ里六七五―一〕

荒妙《あらたえ》とは、古くは帛布《はくふ》（白い布）の総称であったが、今日では麻または糸目の荒い織物を指す。一方、絹や糸目の精緻な織物を和妙《にぎたえ》という。

『世記』（垂仁天皇二十六年）即ち八尋《やひろ》の機屋を建て、天棚《あめのたな》機姫神《ばたひめのかみ》の孫・八千千姫命《やちちひめ》をして大神の御衣《みそ》を織らしむ。

倭姫命は、伊勢神宮（内宮）の神域あるいはその近くに斎宮および八尋機屋を建てた。祭神は神麻続機殿鎮守《はたどののまもり》神。『風土記逸文』では「麻績の里」、即ち「続」ではなく「績」とみえることから、もともと正しくは神麻績機殿神社だとする説が強い。上機殿《かみはたどの》ともいう。

機を織るのは写真向って右の八尋《やひろ》殿であり、本殿は左側の小さい方である。

ACCESS●アクセス

神麻続機殿神社
内宮から国道23号経由　車で47分

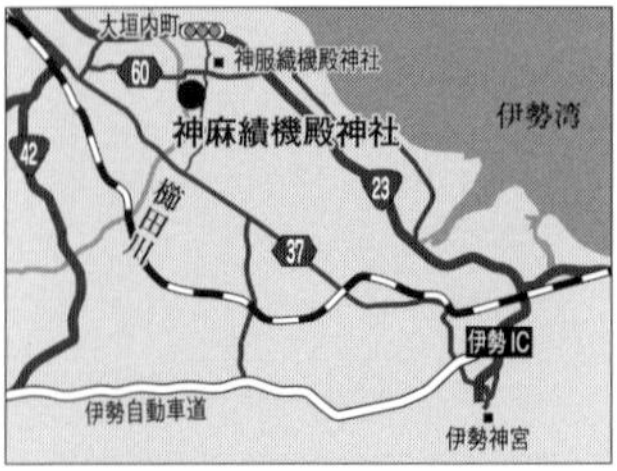

到着

神服織機殿《かんはとりはたどの》神社

【内宮所管社】（三重県松阪市大垣内町西ウ八二四〇）

祭神は神服織機殿鎮守神である。下機殿《しもはたどの》とも呼ばれる。

『風土記逸文』には「機殿を八尋と号《なづ》くるは、倭姫命、太神を斎《いつ》き奉りし日、作り立てしなり」とあり、この二つの社が倭姫命に関連することを示している。

現在も毎年五月と十月の十四日（古来四月・九月であったが暦の変更に伴う）、内宮および荒祭宮《あらまつりのみや》（内宮別宮）で行われる神御衣祭《かんみそ》には、神服織機殿神社八尋殿《やひろどの》で織られた和妙《にぎたえ》（絹布）と神麻続機殿神社八尋殿で織られた荒妙《あらたえ》（麻布）が納められる。

ACCESS●アクセス

神服織機殿神社
神麻続機殿神社から車で6分（Pなし）

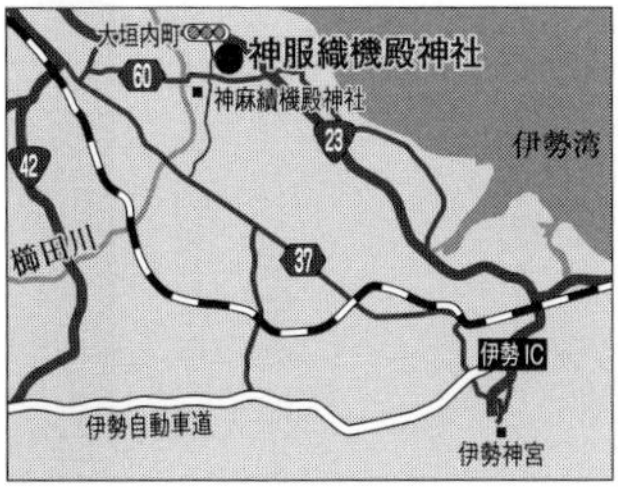

伊雑宮《いざわのみや》 【内宮別宮】【式内社・志摩一宮】（三重県志摩市磯部町上之郷三七四）

『世記』、垂仁天皇二十七年戊午《つちのえうま》秋九月、鳥の鳴き声が高く聞こえ、昼も夜も止まずにうるさかったので、倭姫命は不思議に思って使いを出した。

葦原に稲が一基あり、根元は一基だが先は千の（とても多くの）穂となり茂っていた。その稲を白い真名鶴がくわえ、円を描いて飛んでいるのだった。倭姫命は、伊佐波登美《いさはとみ》神にその稲を抜穂するよう命じ、懸けて天照大神に供えた。

そして大幡主の女子《むすめ》の乙姫に命じて穂から清酒を造らせ、それを御饌として奉った。これが千穂を奉った始めである。その稲が生えていた地を千田《ちだ》と名付けた。

伊佐波登美神は嶋（志摩）の国、伊雑の地に宮を造り、天照大神の摂宮となした。これが伊雑宮である。またその殊勝な鶴を名づけて大歳神とし、同じ所に祀り申し上げた。

『延喜式』では「粟嶋伊射波（アハシマノイサハノ）神社二座」。『儀式帳』『延喜式』は、天照大神を遥拝する宮とするが、『世記』により伊佐波登美命、玉柱屋《たまはしらや》姫を祀ると信じられていた。

日本三大御田植祭とは
「香取神宮（千葉）御田植祭」四月第一土、日曜。鎌倉中期に始まった。
「住吉大社（大阪）の御田植神事」六月十四日。神功皇后が御田を作らせ開始。
「伊雑宮御田植祭」六月二十四日。白《しろ》真名鶴《まなづる》伝説がその起源と伝わる。

明暦四年（一六五八）、伊雑皇大神宮は自らを日本最初の宮だと説き、伊勢三宮説を創案する。伊雑宮の神を天照大神、内宮を瓊瓊杵《ににぎ》尊、外宮を月読尊とし、皇大神宮とはこの三宮のことだと主張した。

明治に入り祭神は天照大御神御魂《あまてらすおおみかみのみたま》と定められる。伊勢神宮の別宮、遙宮《とおのみや》として「いぞうぐう」または「磯部の大神宮さん」とも呼ばれ崇敬を集める。

毎年六月二十四日に神田で行われるお田植祭＝上写真＝は、昭和四十六年に県の重要無形民俗文化財に指定され、日本三大お田植祭としても知られる。

この地には、伊雑神戸《かんべ》と粟島神戸があったが、のちに合併して伊雑神戸と称した。

ACCESS●アクセス

伊雑宮
近鉄志摩線上之郷駅から徒歩5分（Pあり）

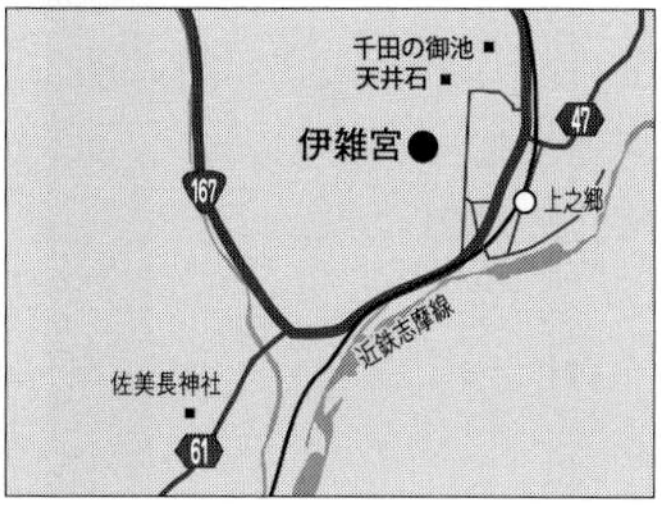

佐《さ》美《み》長《なが》神社

【式内社・伊雑宮所管社】（三重県志摩市磯部町恵利原穂落一二七二―一）

『延喜式』の「同嶋坐神乎多乃御子（オナシキシマニマスカミ《（ム）》ヲタノミコノ）神社」である。「同じき嶋《しま》」とは粟嶋《あわ》（志摩市磯部から鳥羽市安楽島にかけての古地名）のこと。

伊雑宮の項で『世記』の記述に言及したが「かの鶴を名づけて大歳神と称し……」とあったように、伊雑宮に近いこの神社では大歳神《おおとしのかみ》を祀る。大歳神の化身こそ、稲穂を咥えて飛んでいた真名鶴であったのだ。佐美長神社は、明治までは大歳社と呼ばれていた。

伊雑宮の伝承にある「千《ち》田《だ》」とは、ここから伊雑宮にかけての辺りではないかといわれるが、地名としては残っていない。ただし伊雑宮の少し北にも千田の御《み》池《いけ》の伝承地がある。

ACCESS●アクセス

佐美長神社
近鉄志摩線上之郷駅から国道167号と県道61号経由　車で4分（Pなし）
伊雑宮から徒歩12分

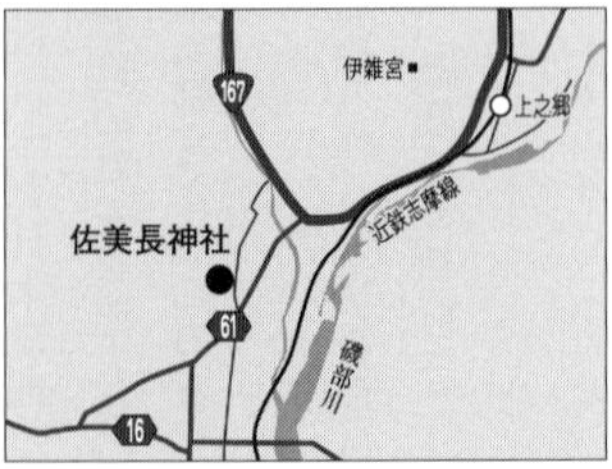

千田の御《み》池

〈志摩市磯部町上之郷〉

伊雑宮のすぐ近くの史跡。現地解説によると、真名鶴《まなづる》が一茎《くき》千穂の稲穂をくわえて飛び鳴くのを奇瑞《きずい》とした倭姫命が、稲を天照大神に献上し、この地に引水田と苗代を造ったという。

この池は「千田の御池」と呼ばれ、現在は十坪ほどのくぼみとなっている。

大歳神（つまり真名鶴）を祀る佐美長神社と伝承が重なる。

天井石

〈志摩市磯部町上之郷〉

上記、千田の御池の隣、千田寺跡西隅の楠《くす》の切り株のもとに、自然石（四×三メートル、厚さ五〇センチ）が掘り出されており、中央が割れている。これを天井石という。なお大楠は樟脳用として、大正末期に伐られたものである。石の下からは鏡、勾玉などが出土して倭姫命ゆかりの品とみなされ、かつここは倭姫命の遺蹟だとされた。しかし出土品は持ち去られ、この地の鑑定は官憲に封じられた。

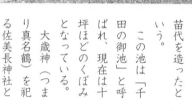

腰かけ岩

〈三重県度会郡南伊勢町河内〉

ここには「腰かけ岩」がある。石碑「倭姫命御由緒傳説岩」があり、看板には「史跡　倭姫命腰かけ岩」と表題が書かれた後「垂仁天皇の御世、皇女倭姫命が天照大神の鎮座地を探し求めて当地を御通過の時、長旅の疲れをいやそうと御休息された由緒の地であります　南伊勢町」とある。腰かけ岩は石碑の後ろ側にあり、それほど大きな岩ではない。

倭姫命は伊雑宮を訪れた時にでも遠出をしたのであろうか。伊雑宮や瀧原宮からはかなり遠い上に、この周辺に倭姫命の伝承地はないので、位置的に唐突な感は否めない。

ACCESS●アクセス

腰かけ岩
紀勢自動車道・紀伊長島IC下車、国道260号で32分（Pなし）

到着

倭姫命とその関連のひとびと

ここで倭姫命の関係者を祀る施設をみてみたい。

倭姫宮

〔内宮別宮〕〔伊勢市楠部町赤井谷五〕

倭姫命を偲びその功績を称えるために建てられた。大正の初年より神宮司庁と宇治山田市（現伊勢市）が宮創立の請願を続けていたが、同10年、内宮別宮として許可され、12年11月5日に御鎮座祭が執り行われた。

宇治山田陵墓参考地

〔伊勢市倭町《やまとまち》〕

倭姫命の墓は、倭姫宮から程遠からぬ「尾上御陵《おべごりょう》」だとされる。昭和3年、宮内省より倭姫命の陵墓参考地に指定され、現在も宇治山田陵墓参考地として整備、管理されている。道に面して「倭姫命御陵」と刻まれた石碑がある。

この古墳の頂部分と谷底を走るような道路を挟んだ西側の土地とは、ほぼ同じ高さである。聞くところでは、昔、この道はなく頂部分と西側の土地とはつながっていて、高台を形成していたという。

ホケノ山古墳 〔奈良県桜井市箸中《はしなか》ホケノ山〕

豊鍬入姫命の墓だともいわれる。全長約80m、後円部は三段築成で径約55m、高さ8m。南東側に短い前方部が付き、葺石《ふきいし》を有する前方後円墳である。周濠《しゅうごう》があり、後円部の石室からは石囲いの木槨《もっかく》が見つかった。これらのことから造営年代は3世紀中頃とされる。

なお多くの古墳を擁するこの地域（大和《おおやまと》古墳群）において北の萱生《かよう》、中央の柳本《やなぎもと》、南の箸中《はしなか》の各古墳群の中で、この古墳は箸中古墳群に属する。

崇神《すじん》天皇陵 〔奈良県天理市柳本町〕

陵墓としての名は山辺道勾岡上陵《やまのべのみちのまがりのおかのうえのみささぎ》という。古墳名は行燈塚《あんどんづか》古墳。

『記』では崇神天皇段に「御陵は山辺の道の勾の岡の上に在り」とし、『紀』では崇神天皇68年12月5日条に「山辺道上陵に葬りまつる」とある。

前方部を西北西に向ける、前期の前方後円墳で周濠がある。全長242m、後円部径158m、前方部幅102m。幕末期、柳本藩による改修が施され、当初の形からかなり異なっている模様。4世紀後半に築造された大王クラスの墓である。

垂仁天皇陵 〔奈良県奈良市尼辻町小西池〕

またの名を菅原伏見東陵《すがはらのふしみのひがしのみささぎ》という。古墳名は宝来山《ほうらいさん》古墳。

『記』の垂仁天皇段に「御陵は菅原の御立野の中に在り」とし、『紀』では垂仁天皇99年12月10日条に「菅原伏見陵に葬りまつる」とある。

南面する前方後円墳で周濠がある。全長227m、後円部径123m、前方部幅118m。

周濠中の小塚は、天皇の命により橘を持ち帰った田道間守《たじまもり》の墓だというが、橘諸兄の墓ともいう。

景行天皇陵 〔奈良県天理市渋谷町〕

またの名を山辺道上陵《やまのべのみちのうえのみささぎ》といい、古墳名は渋谷向山《しぶたにむこうやま》古墳。

『記』の景行天皇段では「御陵は山辺の道の上に在り」とし、同様に『紀』成務天皇2年11月10日の条に「大足彦天皇（景行）を倭国の山辺道上陵に葬りまつる」とある。

西に延びる丘陵の先端に築かれた、周濠を有する前方後円墳。ほぼ西面する。4世紀代の日本を代表する前期古墳。全長は300m。崇神天皇陵と同様、柳本藩による手が加わっている。4世紀後半築造の大王クラスの墓である。

●笠縫邑《かさぬいのむら》

石上神宮
天理ダム
長滝町
苣原町
来迎寺
園原町
下仁興町
蘭生町
都祁小山戸町
地
天神社
大
修理枝
三谷
寺町
藤井町
龍王山
585
笠山荒神社
瀧倉
貝ヶ平山
822
谷町
和田
萱森
玉立
穴師坐兵主神社
天神山
榛原萩
三輪山
三輪山
白河
長谷寺
初瀬
吉隠
榛原角柄
檜原神社
黒崎
大神神社
輪駅
金屋
榛原
長谷寺駅
榛原篠楽
165
370
安田
岩坂
625
大宇陀五津
忍阪
榛原笠間
大宇陀平尾
竜谷
榛原足
桜井市
166
大宇陀口今井
粟原
浅古
大宇陀小附
下り尾
下居
大宇陀春日
大宇陀西山
横柿
音羽山
大宇陀本郷
熊ヶ岳
904
八井内
大宇陀黒木
多武峰
大宇陀宮奥
関戸峠

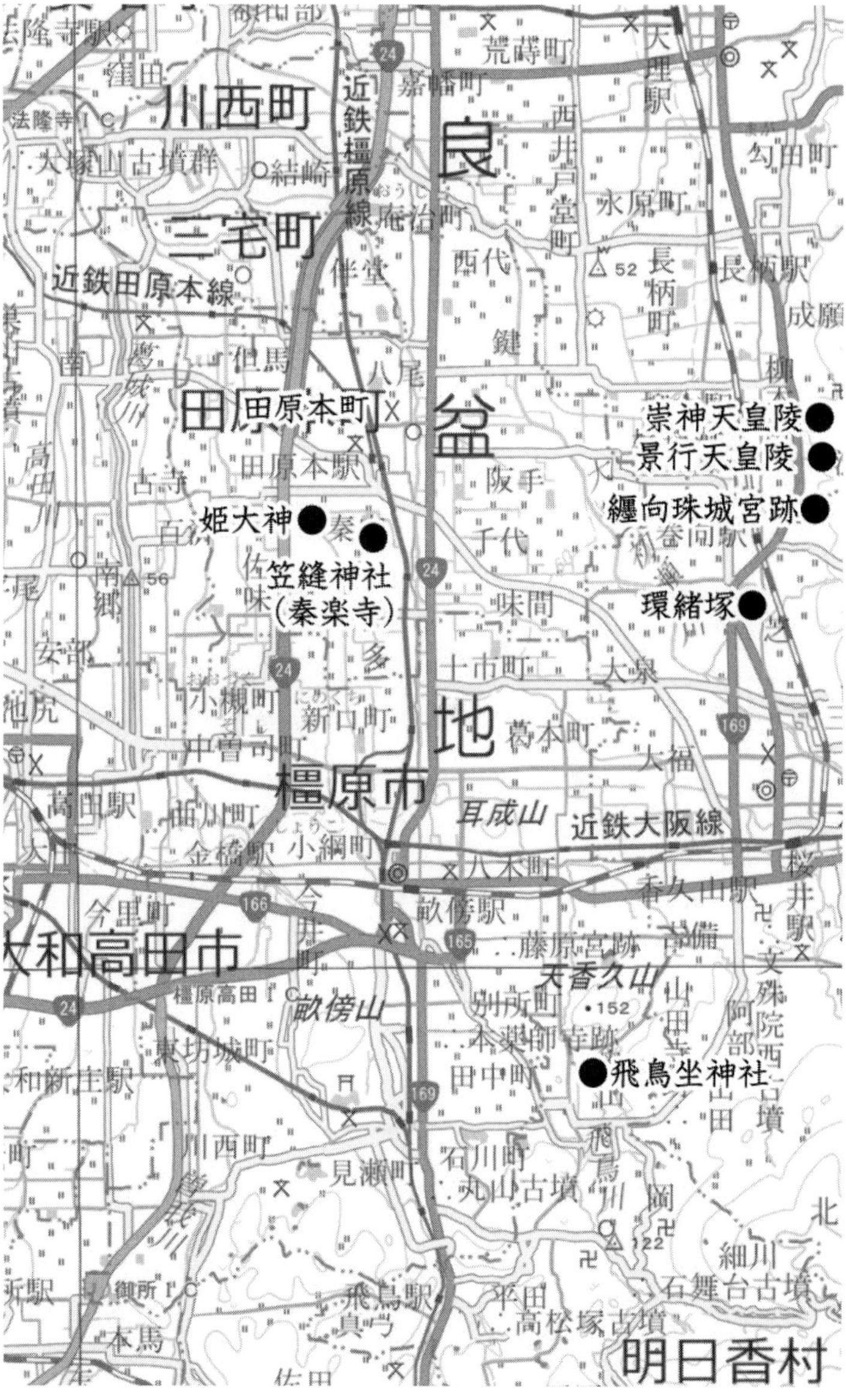
川西町
三宅町
近鉄田原本線
田原本町
崇神天皇陵
景行天皇陵
纒向珠城宮跡
姫大神
笠縫神社
(秦楽寺)
環緒塚
橿原市
耳成山
近鉄大阪線
大和高田市
天香久山
畝傍山
飛鳥坐神社
明日香村
天理駅
長柄駅
田原本駅
大和八木駅
畝傍駅
香久山駅
桜井駅
飛鳥駅
藤原宮跡
高松塚古墳
石舞台古墳
丸山古墳

◉甲賀日雲宮

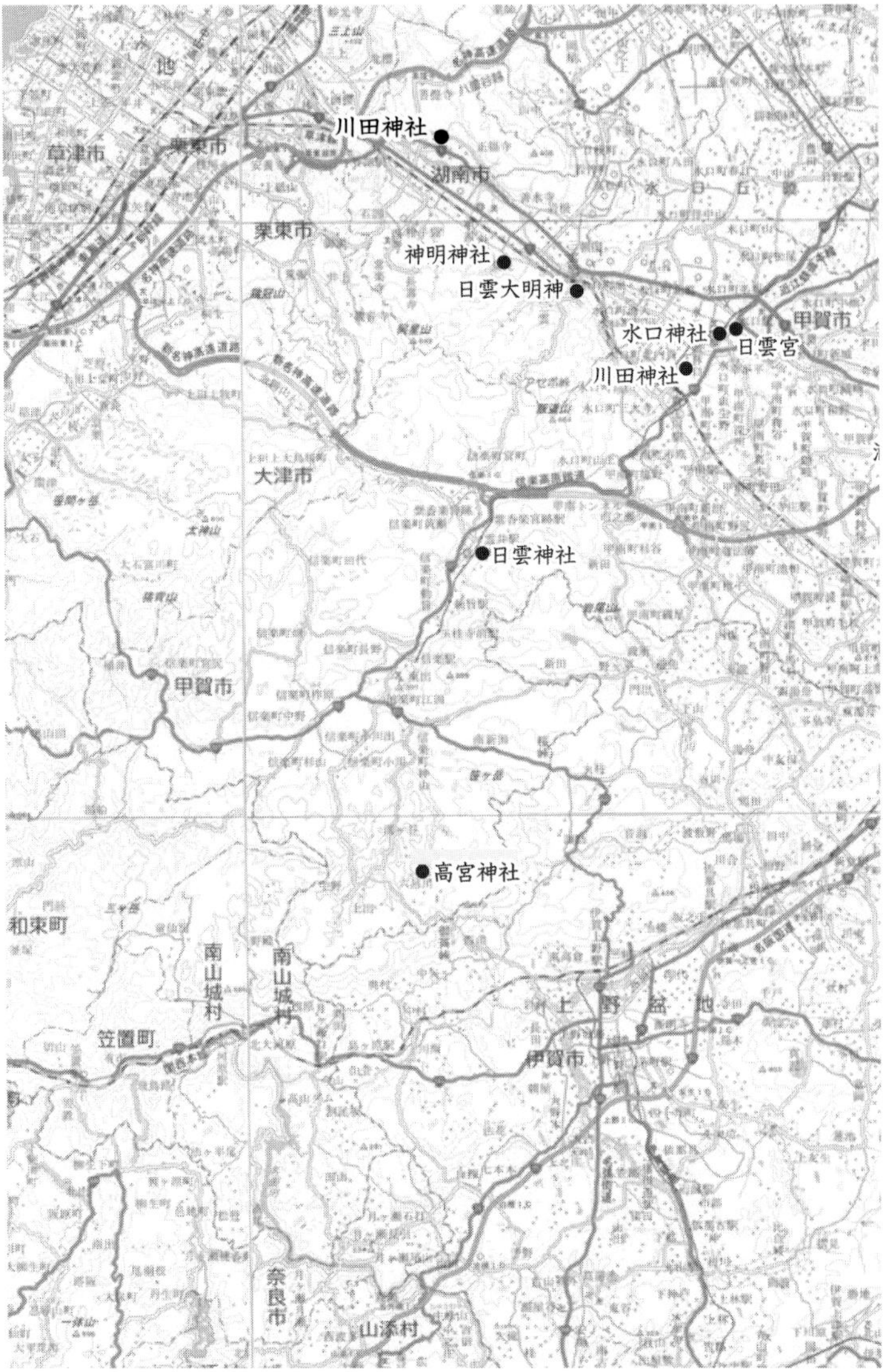
川田神社
草津市
栗東市
湖南市
栗東市
神明神社
日雲大明神
水口神社
日雲宮
甲賀市
川田神社
大津市
日雲神社
甲賀市
高宮神社
和束町
南山城村
南山城村
笠置町
上野盆地
伊賀市
奈良市
山添村

◉坂田宮　◉伊久良河宮　◉中嶋宮

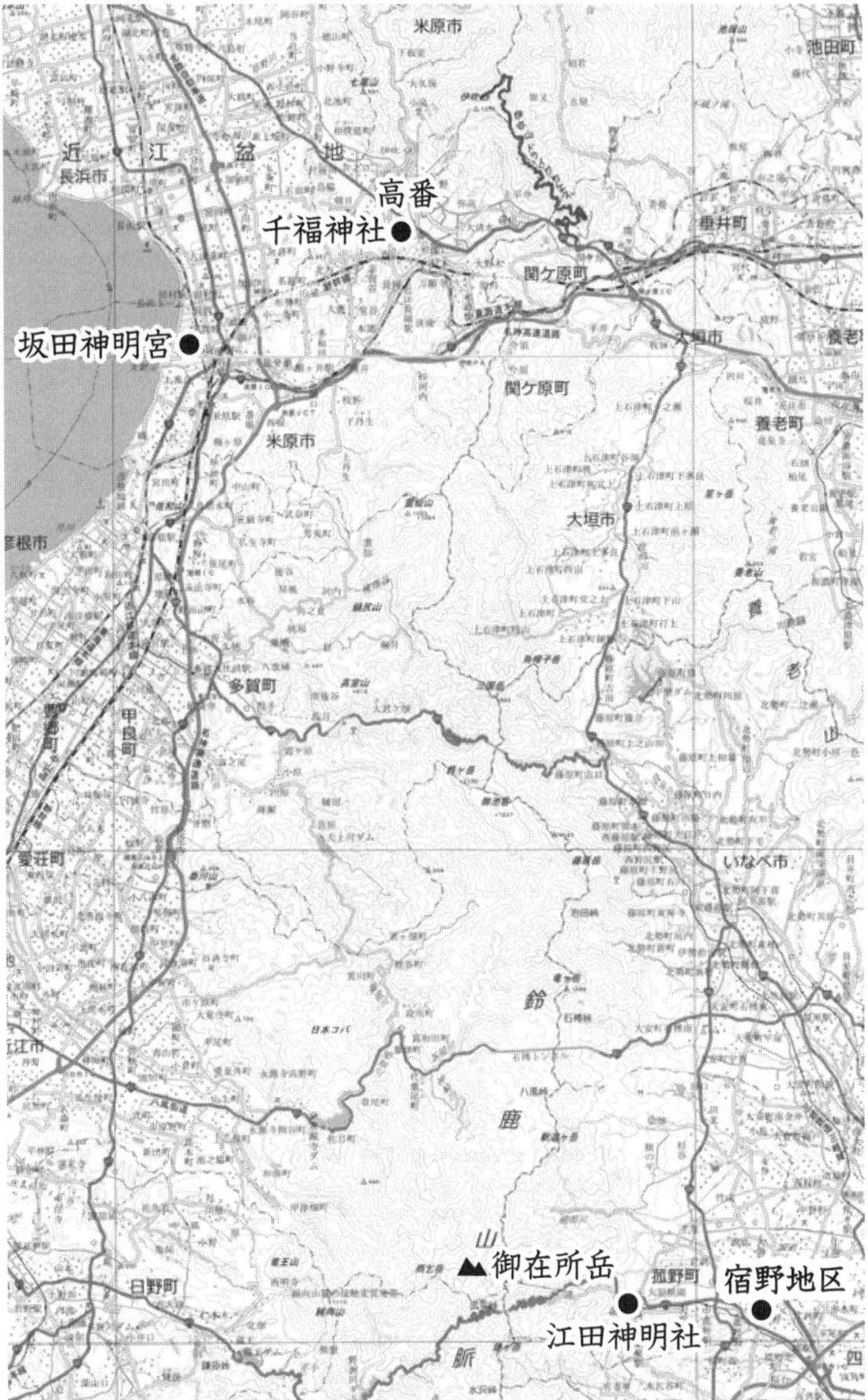

高番
千福神社
坂田神明宮
御在所岳
江田神明社
宿野地区
近 江 盆 地
長浜市
米原市
関ケ原町
垂井町
大垣市
養老町
多賀町
甲良町
いなべ市
日野町
鈴
鹿
山
脈

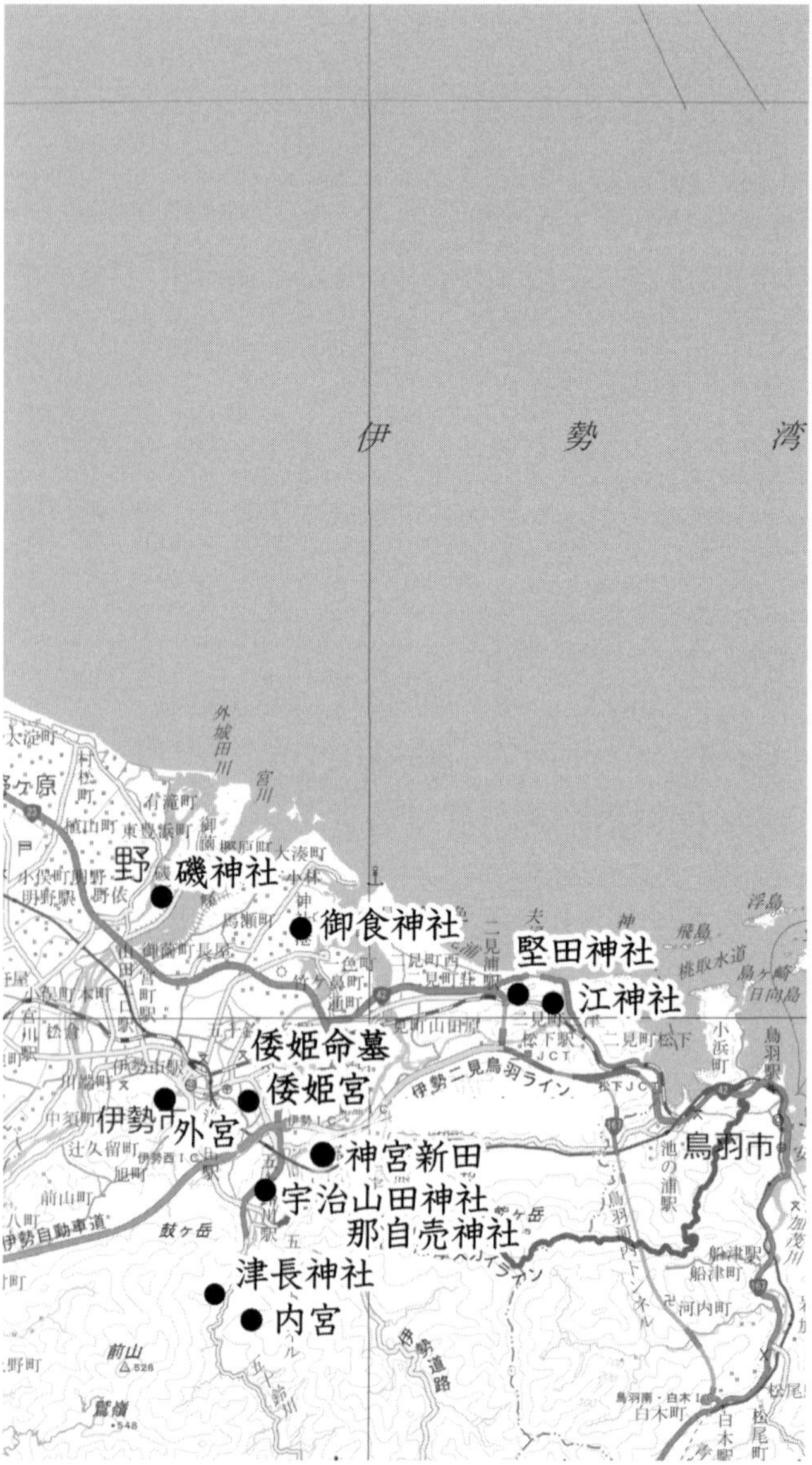

◉藤方片樋宮
◉飯野高宮
◉佐佐牟江宮
◉伊蘓宮
◉矢田宮
◉家田田上宮
◉奈尾之根宮
◉五十鈴川上宮

伊
勢
津松阪港
松阪市
阿射加神社
魚海神社
神服織機殿神社
魚見神社
竹佐佐夫江神社
竹大与杼神社
神戸神舘神明社
神麻続機殿神社
櫛田神社
竹神社
神山神社
多気町
玉城町
度会町

おわりに

実は、わからないことばかりである。本来皇室の最高神であるアマテラスが、皇室が直接に祭りのできない遠く離れた伊勢にいる。その発端となった崇神天皇の同殿共床《どうでんきょうしょう》も、事実としては疑わしい。

それでもあえて私見を述べるなら、以下のようになる。

伊勢の地というのは海に面し、肥沃な土地がある上に山もある。従って海産物、農産物に恵まれ、山の木材という建築物資にも事欠かない。これは今も昔も変わらない。また尾張や東国を目指すのに重要な位置を占めている。ヤマト王権が、この地を欲したとしても何の不思議もない。出雲の国譲りや神武東征のような、強引な手段を用いて成長してきたヤマトも、力づく一辺倒で版図を拡げるのは、次第に憚られてきたことであろう。となると、戦わずに欲する土地を手中に収める方針への転換を余儀なくされるわけだが、それはかなり難しい。しかし、その一つに神への信仰に根差す融和策がある。政《まつりごと》（領土・臣民の統治）と祭《まつり》（神や先祖を祭る）が、切っても切り離せなかった時代、いいところに目を付けたと言える。戦いではなく、神の威を頼むところが憎い。

伊勢にはもともと日の神（いかにも海から昇る太陽は神々しい）が祭られていたのではないだろうか。それは伊勢国の地位の高い神であり、祭りの対象となる女神である。この神はすぐさま『記紀』のアマテラスを想い起こさせる。もっと踏み込んでいえば、アマテラスという名の女神こそ、もともと伊勢で祭られていた神ではなかったか、というのが私の考えである。

一方のヤマト王権では、旧来の神でアマテラスにあてはめることの出来る女神はいないかと検討し、「ヒルメ」あるいは「オオヒルメムチ」なる一女神に白羽の矢を立てた。そしてヒルメ＝《イコール》アマテラスとし、二神は同一であることとした。つまりここで、伊勢で祭られていたアマテラスは大王家の女神でもある――となり、こうして伊勢とヤマト、二つの地域でアマテラスが祭られることとなった。アマテラスの畏れ多さ、そしてそれを祭るのは大王であることを強調し、同殿共床の話も創作し、この神の余りの強さに大王は恐れをなした、とした。アマテラスを祭るのは大王であり、つまり伊勢のアマテラスを祭る権限も大王は持つ、という図式ができた。

ただここで一つ問題が残る。なぜアマテラスは二カ所で祭られるのか、あるいはその力が拡大したのか、これを誰もが納得するよう説明する必要がある。そこで案出されたのが「倭姫命」その人である。ヤマトと伊勢国をうまく結びつけることこそヤマト王権の最大の課題であり、倭姫命はその役目を担った。昔々のその昔、数十年をかけてアマテラスを祭る場所を探し、困難を越えて各地を遍歴した皇女……。彼女はヤマトから伊勢の地へ、見事に神を遷した。

ざっとこのような思いを今、私は持っている。

ただそうすると最後まで疑問は残る。果して古来、大王が祭っていたという最高神とはいかなる神であったのだろう。

倭姫命を追う旅を終え、今の私は「倭姫命は存在しなかった」との考えに傾いてしまったが、もし読者の皆さんが、本書を手に歴史の現場を訪れ、これを考え直していただけるとすれば、私の徒労も何らかのお役に立てたのだろうと、一縷の希望は持っている。

本書を世に問うにあたって、根気強くお付き合いくださった樹林舎の山田恭幹氏に対し、厚く御礼申し上げつつ、この大きな問題に対し私なりの回答を記して、筆を擱くこととしたい。

倭姫命巡行表（『世記』をもとに作成）

	国	宮	よみ
1	倭　国	笠縫邑	かさぬいのむら
2	但波国	吉佐宮	よさのみや
3	倭　国	伊豆加志本宮	いつかしもとのみや
4	木乃国	奈久佐浜宮	なぐさのはまのみや
5	吉備国	名方浜宮	なかたのはまのみや
6	倭　国	弥和乃御室嶺上宮	みわのみむろのみねのうえのみや
7	大和国	宇多秋宮	うたのあきのみや
8	大和国	宇多佐佐波多宮	うたのさきはたのみや
9	伊賀国	隠市守宮	なばりのいちもりのみや
10	伊賀国	穴穂宮	あなほのみや
11	伊賀国	敢都美恵宮	あえとみえのみや
12	淡海国	甲可日雲宮	こうかひぐものみや
13	淡海国	坂田宮	さかたのみや
14	美濃国	伊久良河宮	いくらがわのみや
15	尾張国	中嶋宮	なかじまのみや
16	伊勢国	桑名野代宮	くわなののしろのみや
17	鈴鹿国	奈其波志忍山宮	なごわしのおしのやまのみや
18	伊勢国	阿佐加藤方片樋宮	あさかのふじかたのかたひのみや
19	伊勢国	飯野高宮	いいののたかみや
20	伊勢国	佐佐牟江宮	ささむえのみや
21	伊勢国	伊蘇宮	いそのみや
22	伊勢国	瀧原宮	たきはらのみや
23	伊勢国	矢田宮	やたのみや
24	伊勢国	家田田上宮	やたのたのうえのみや いえたのたかみのみや
25	伊勢国	奈尾之根宮	なおしねのみや
26	伊勢国	五十鈴川上宮	いすずのかわうえのみや

主要な参考文献

『倭姫命世記』国史大系（吉川弘文館・二〇〇七）
『倭姫命世記』「日本思想大系19　中世神道論」（岩波書店・一九七七）
『倭姫命世記（巻第三）』「続群書類従・第一輯」（続群書類従完成会・一九七九）
『日本書紀　上・下』岩波日本古典文学大系（一九七六）
『皇太神宮儀式帳』『止由気宮儀式帳』『太神宮諸雑事記』『神宮雑例集』『神鳳鈔』「群書類従・第一輯」（続群書類従完成会・一九九二）
『斎宮記』『賀茂斎院記』「群書類従四」（続群書類従完成会・一九九一）
『古事記』『風土記』『万葉集1、3』岩波日本古典文学大系（一九五七〜）
『古語拾遺』西宮一民（岩波文庫・一九八五）
『延喜式』「新訂増補國史大系26」黒板勝美編（吉川弘文館・一九三七）
『倭姫命世記注釈』和田嘉寿男（和泉書院・二〇〇〇）
『伊勢の神宮　ヤマトヒメノミコト御巡幸のすべて』大阪府神社庁（和泉書院・一九九三）
『幻の倭姫命の跡地考』真野文夫（一九九七）
『倭姫命の御巡幸』楠木裕子（アイブレーン・二〇一五）
『伊勢神宮』所功（講談社学術文庫・二〇〇三）
『アマテラスの誕生』筑紫申真（講談社学術文庫・二〇〇二）
『伊勢神宮と斎宮』西宮秀紀（岩波新書・二〇一九）
『アマテラスの誕生』溝口睦子（岩波新書・二〇一四）
『伊勢神宮の謎を解く』武澤秀一（ちくま新書・二〇一一）
『斎宮』榎村寛之（中公新書・二〇一七）
『伊勢斎宮と斎王』榎村寛之（塙書房・二〇〇四）
『斎王の道』宮田恵子編（向陽書房・一九九九）
『お伊勢さん125社めぐり』（伊勢文化舎・二〇〇八）
『日本人なら知っておきたい 伊勢神宮と125の社』（辰巳出版・二〇一三）
『伊勢の神様』（別冊宝島・二〇一六）
『式内社調査報告』（式内社研究会・皇学館大学出版部）
（第六巻　東海道1　伊賀国・伊勢国（A））
（第七巻　東海道2　伊勢国（B））
（第十二巻　東山道1　近江国）

※このほかに、本文中で出典を明記したものがある。

著者略歴

竹田 繁良（たけだ・しげよし）

1961年愛知県中島郡平和町（現稲沢市）生まれ。関西学院大学法学部卒業。卒業後、東京、ドイツなどで約20年間勤務ののち愛知県へ帰郷。2012年に「ヤマトタケルの足跡」を出版。現在もヤマトタケルおよびヤマトヒメに関する講演活動を展開するとともに各地の伝承地を巡っている。

イラスト協力　小池みき

伝承地でたどる **ヤマトヒメの足跡**

・大和・近江・伊賀・美濃・尾張・伊勢

2021年6月28日　初版1刷発行

著　　者　竹田 繁良

編集制作　樹林舎
〒468-0052　名古屋市天白区井口1-1504
TEL: 052-801-3144　FAX: 052-801-3148
http://www.jurinsha.com/

発 行 所　株式会社人間社
〒464-0850　名古屋市千種区今池1-6-13　今池スタービル2F
TEL: 052-731-2121　FAX: 052-731-2122
http://www.ningensha.com/

印刷製本　モリモト印刷株式会社

ISBN 978-4-908627-73-6 C0026
＊定価はカバーに表示してあります。
＊乱丁・落丁本はお取り替えいたします。

人間社の本

夏草や刻を束ねて刈るごとく

夏木野を Rain rain 夜 Train

わが領土より逃走の青蜥蜴

片歌集

二〇二〇—二〇二一年

三十八句

二〇二〇年

春闇がうごめくことを君知らぬまま

ぼくアンパンまん五月の空を飛んでいる

うんとこさ芋虫毛虫この橋渡れ

百年凝視コップののほぐれ出す

ジャコメッティの猫は夏痩せ　芯の棒

三輪の木の虚《うろ》に溶け込む蛇二柱

水中眼鏡喪失心底水底見えず

芳一の耳縫い合わす夏は夕暮

泉には桃まして匙など見当たらず

色変えぬ松　恋人のメタモルフォーゼ

山の辺にかつと見開く柘榴がひとつ

花びらを数え菊の日　すき・きらい・すき……

苔寺の心字池より月の小面

銀河こなたへ寄せたれば楽浪小浪

日本の耳は木耳　しあわせの耳

本番の出番がなくてさみしい案山子

天地開闢以来連綿と黄落

初夢や未来吸い込むブラックホール

犬はもと狼　猛きものより亡ぶ

独り身のコーンスープはあまってませんか

徐々に徐々に顔が消えゆく日光写真

翼か鰭か本日が鯨のわかれ目

これはまあ立派なうんこ抹香鯨

二〇二一年

風船の内部ふっくらいつもほほえみ
鎮めても鎮めても花わらわらと花
どんどこどんどこ春の地面が揺れている

涅槃図の赤い矢印汝が現在地

早春の水はさやさや風のささやき

ほんとうは夕焼けどこが燃えているのか

ローソク一本百物語するために

風薫る一音のみのジャズピアニスト

木炭をパンで消すとき一緒に春も

空を蹴る力まるごと裸の赤児

象川のくちなわ自らを影の上

キス拒む妻愛拒む恋人の汗

かの時あの時千年前のカシオペア

マンモスと狼を滅ぼしたのは人

また春や人滅ぼすは確実に人

『虚（空）無』抄

二〇一六（平成二十八年）十月一日邑書林刊

四十七句

片腕を忘れし卓に柘榴の実

死を待つは初恋に似て華やげる

透明になりゆくからだ寒月光

月光の重さをわずかたなごころ

釘一本夏の広場を裂いている

こんにゃくはこんにゃくのまま三尺寝

四月朝わたしの降りる駅がない

さみしさを詰めて手渡す風船売

春風の裏へまわればさくら色

黒楽の内側深き春銀河

春風を押してから来るサブウェイ

侘助は己れ語らず一重なり

初雪は天上で食べ残した分

にんげんはひかりのかけら裸の木

手袋を脱ぐ人生をおりるごと

雪はみな天を食み出す時の粒

月光下面壁九年青猫の

そろおりと壺中の銀河摑み出す

赤蜻蛉時のはざまへまぎれこむ

泣きながら受け容れる妻夏の闇

ゆっくりと妻が螢に成っている

闇暑し阿修羅に髭の有ることの

永眠の準備としての午睡かな

空蝉になりても背の傷痛し

本尊の胎内にある夏の月

湧き上る泉の底の砂時計

直面で渡る他なし天の川

林檎置く静かな闇の核として

天網やあっけらかんと冬木立

白魚のこころも透けてきたるかな

天柱を抜き取るごとし土筆摘

にんげんを忘れ路上にサングラス

両眼は原野のままや銀やんま

月も吾も浮かみていたること忘れ

月はこの世にひとつあの世にふたつ

春の夜の夢の浮橋撓みたり

ほうたるは夢の領野を過ぐる風

斎場ににんげん入れる冷蔵庫

月光へダフネとなりし妻の腕

こんにゃくのうらはおもてを凌駕する

ふり向けば廊下にぽつり妻の影

部屋ごとに妻来て時計並べいる

うかうかと閻魔に妻を攫われる

あの世へとちょいと外出ショール掛け

病院へ死にに行く妻秋の暮

泣きながら妻の手袋探してる

葉子好き葉子の好きな著莪が好き

＊

『隆』抄

二〇一一（平成二十三）年七月一日邑書林刊

二十一句

いくたびも意識の切れる午睡かな

地上には空切り取りし潦

「悲」の文字が「恋」に見えたる花眼かな

からだ透くかなしみを受く白魚よ

わたくしはゆらゆらゆれる秋の水

蟻蟻蟻蟻の連鎖を怖れ蟻

背割りて己れを晒す空蟬よ

大空に月ありわれに鏡あり

樹や椅子の裏側にいる季節かな

大空や月は太古の忘れ物

なにもかも枯れ青空の華やげる

背のうらの痛みしずかに罌粟開く

月光と擦れちがいゆく角隠

裏側を水流れゆく良夜かな

晩春や湖底へ沈む鐘の音

綿菓子の輪郭溶けて春の中

にんげんにもどるときあり夜《よ》の雛《ひいな》

ほどけつつ薔薇の芯より時の渦

横向いてゴジラのフィギュア日向ぼこ

冬虹の山彦となり撓みたり

さざなみは春の心音呼吸音

『観葉』抄

二〇〇五（平成七）年三月一日青磁社刊

十五句

透きとおるショールを肩に月明り

このままを眠りていたき冬の朝

亡き母が氷を越えてやってくる

かなしさのきわみに立てり海の虹

遠景に器があって秋の陽よ

「明王」と互みに呼べる猫の恋

春愁や一本の釘動かざる

白鷺は生命線の長さほど

水平線夢の数だけ波が立つ

梅雨明けて地の剝落の続きけり

木や釘を蒐めて寂し冬の川

一瞬に花の咲いたる午睡かな

地上にはこころと鳴ける冬の鳩

満月は人を酔わせる恋をする

新月や扉閉ざさぬ汽車の行く

あとがき

とうとう最終句集を出すことになった。

俳句の世界にかかわって二十年。

よく続けられたものだ。

ここには『虚（空）無』以降、六年間の作品を纏めた。配列は逆年順とした。

こうして句を見直してみると、つくづく私の句には「こころ」がない。否、正確にいうと「あそびごころ」はあるが「まごころ」がない。

抽象的観念的な世界をめざしたからそれは仕方がないといえる。

一つの試みとして片歌集を挿入した。俳句の古型である五・七・七の十九音数律を試してみた。

また今までに上梓した、三句集より自選集を巻末に掲載した。

俳句は言葉と言葉の関係性が織りなす、世界最小の詩であり、そのことが人間と人間の関係性を呼び起すものであると信じている。

本句集の発行日七月一日をもって古稀を迎える。よく生き存えたものだ。たくさんの俳縁をいただき、良き句友と巡り会えたことはとても幸せであった。

何も思い残すことはない。

ほど良い人生だったと思う。

この句集の刊行をもって俳句人生にひと区切りを入れる。

最終句集と名付けた所以である。

ありがとうございました。

青磁社の永田淳さんには、この度もお世話になりました。

御礼申し上げます。

令和三年七月一日

米岡　隆文

著者略歴

米岡 隆文（よねおか たかふみ）

1951（昭和26）年7月1日大阪市城東区生
元杭俳句会代表
淡竹俳句会同人
守口市民俳句同好会会員
茜句会世話人代表
四恩学園五・七・五の詩人部屋しおん句会講師
現代俳句協会会員
大阪俳句史研究会会員
大阪俳人クラブ会員

現住所
〒520-0042　守口市寺方錦通3-13-5
TEL　06-6991-5078
FAX　06-6991-2036

最終句集　静止線

初版発行日　二〇二一年七月一日
著　者　米岡隆文
定　価　三〇〇〇円
発行者　永田　淳
発行所　青磁社
京都市北区上賀茂豊田町四〇―一（〒六〇三―八〇四五）
電話　〇七五―七〇五―二八三八
振替　〇〇九四〇―二―一二四二二四
http://seijisya.com
装　幀　加藤恒彦
印刷・製本　創栄図書印刷

ISBN978-4-86198-504-1 C0092 ¥3000E